Praktijkboek hoogbegaafdheid in psychotherapie

Adriaan Sprey

Praktijkboek hoogbegaafdheid in psychotherapie

Persoonlijkheid, diagnostiek, psychotherapie en therapeutische relatie

Houten 2020

Adriaan Sprey
Adriaan Sprey Opleidingen
Ede, Nederland

ISBN 978-90-368-2490-3   ISBN 978-90-368-2491-0   (eBook)
https://doi.org/10.1007/978-90-368-2491-0

© Bohn Stafleu van Loghum is een imprint van Springer Media B.V., onderdeel van Springer Nature 2020
Alle rechten voorbehouden. Niets uit deze uitgave mag worden verveelvoudigd, opgeslagen in een geautomatiseerd gegevensbestand, of openbaar gemaakt, in enige vorm of op enige wijze, hetzij elektronisch, mechanisch, door fotokopieën of opnamen, hetzij op enige andere manier, zonder voorafgaande schriftelijke toestemming van de uitgever.
Voor zover het maken van kopieën uit deze uitgave is toegestaan op grond van artikel 16b Auteurswet j° het Besluit van 20 juni 1974, Stb. 351, zoals gewijzigd bij het Besluit van 23 augustus 1985, Stb. 471 en artikel 17 Auteurswet, dient men de daarvoor wettelijk verschuldigde vergoedingen te voldoen aan de Stichting Reprorecht (Postbus 3060, 2130 KB Hoofddorp). Voor het overnemen van (een) gedeelte(n) uit deze uitgave in bloemlezingen, readers en andere compilatiewerken (artikel 16 Auteurswet) dient men zich tot de uitgever te wenden.
Samensteller(s) en uitgever zijn zich volledig bewust van hun taak een betrouwbare uitgave te verzorgen. Niettemin kunnen zij geen aansprakelijkheid aanvaarden voor drukfouten en andere onjuistheden die eventueel in deze uitgave voorkomen. De uitgever blijft onpartijdig met betrekking tot juridische aanspraken op geografische aanwijzingen en gebiedsbeschrijvingen in de gepubliceerde landkaarten en institutionele adressen.

NUR 777
Basisontwerp omslag: Studio Bassa, Culemborg
Automatische opmaak: Scientific Publishing Services (P) Ltd., Chennai, India
Glaskunstwerk omslagbeeld: Lubomir Ferko

Bohn Stafleu van Loghum
Walmolen 1
Postbus 246
3990 GA Houten

► www.bsl.nl

Het voorrecht van een mensenleven is om te worden wie je werkelijk bent – Carl G. Jung

Woord vooraf

Het glasobject van kunstenaar Lubomir Ferko op het omslag stelt een piramide voor, een van de oudste tijdloze symbolen van de scheppingskracht van de mens. Hoogbegaafdheid heeft net als deze piramide twee kanten: voordelen en nadelen die in balans dienen te komen. Psychotherapie gericht op ontwikkeling kan daarbij helpen. Vele mensen en mijn familie hebben meegeleefd. Sommigen ben ik bijzondere dank verschuldigd. Nicky Dijkstra met haar grote klinische ervaring bedank ik voor haar scherpzinnige reflecties en opmerkingen over inhoud en taal bij de tekst in wording. Jan Bernard gaf zijn trefzekere en ervaren visie op de ggz, en Theo Verhoeven maakte een mooie casusillustratie van schematherapie. Yulma Perk regelde als uitgever op empathische en stimulerende wijze de juiste persoonlijke condities om het project van het schrijven van dit boek te realiseren. Carin Voskamp was wederom een perfecte secretaris. De talloze versies heeft zij met eindeloos geduld en plezier bewerkt. Van mijn cliënten en van de collega's in mijn nascholingen en in de supervisies heb ik veel geleerd. Zonder de fantastische steun van mijn vrouw Ingrid, die een grote bijdrage leverde op het gebied van taal, casuïstiek, inhoud en vormgeving, was dit boek niet verschenen. Ik draag het daarom aan haar op.

Adriaan Sprey
Ede
winter 2019–2020

Inleiding

'Doe maar gewoon, dan doe je gek genoeg' is een oer-Nederlands gezegde. Uitstekend zijn is een positieve kwaliteit, maar komt van het Latijn *egregarius,* wat betekent 'uit de kudde steken' en is dat evolutionair geen gevaarlijke afwijking?

Hoogbegaafdheid komt bij cliënten veel vaker voor dan zijzelf en hun therapeuten denken, want hoogbegaafdheid is vaak moeilijk te scheiden van de persoonlijkheidstrekken en wordt door een gebrek aan kennis over het hoofd gezien.

Hoogbegaafden roepen eerder weerstand én/of bewondering op dan neutrale reacties of acceptatie. Ook therapeuten in de geestelijke gezondheidszorg worstelen met ambivalente gevoelens ten opzichte van hoogbegaafde cliënten. Het zijn interessante, creatieve en kritische cliënten, maar zij bezorgen de therapeut ook vaak gevoelens van ergernis, onzekerheid, ontmoediging of juist van sterke betrokkenheid.

Is hoogbegaafdheid geen luxeprobleem van elitaire mensen? Is het geen narcistische manier om sociaal falen goed te praten en daarmee een gewenste diagnose? Hoogbegaafdheid staat trouwens niet eens in de DSM-5. Wat is er klinisch en wetenschappelijk bekend over hoogbegaafdheid? Op de universiteit werd er tijdens colleges nauwelijks (of nooit) aandacht aan besteed.

Hoogbegaafdheid bij volwassenen wordt in diagnostiek en psychotherapie niet beschouwd als een psychische (DSM-5-) stoornis, maar als een aparte, eigensoortige en snelle, complexe vorm van informatieverwerking. Hoogbegaafdheid is een cluster van persoonlijkheidstrekken die met elkaar samenhangen en is veel meer dan alleen een hoog IQ.

De wederzijdse beïnvloeding van persoonlijkheidstrekken en hoogbegaafdheid bij volwassenen is complex en interessant. De persoonlijkheidstrekken hebben gevolgen voor de hoogbegaafdheid én de hoogbegaafdheid beïnvloedt de ontwikkeling van de persoonlijkheid. Hoogbegaafdheid in psychotherapie is ingewikkeld voor cliënt en therapeut door de combinatie van hoogbegaafdheid met de persoonlijkheid. Het is déze combinatie die diagnostiek en psychotherapie extra ingewikkeld maakt. Er valt hier grote winst te behalen!

De hoogbegaafde persoon komt eerder dan anderen in een uitzonderingspositie terecht, wat zijn zelfbeeld en beeld van de ander negatief beïnvloedt. Ook is er meer kans op een afwijkende of eenzijdige ontwikkeling, op interactieproblemen en op creatieve stagnatie. Daarnaast gaat hoogbegaafdheid in ruim tachtig procent van de gevallen gepaard met de persoonlijkheidstrek hoogsensitiviteit, alsook met een (te) intensieve belevingswereld en met een hoge prikkelgevoeligheid. In de ggz meldt de hoogbegaafde cliënt zich frequent aan met klachten van angst, trauma, depressie, burn-out, ADHD et cetera. Dit leidt tot significant meer onderzoeks- en psychotherapievragen in de ggz dan in de gemiddelde populatie en vaker tot een verkeerde diagnose.

Hoewel hoogbegaafdheid op zichzelf geen stoornis is, spreken we in dit boek toch over cliënt en therapeut, vanwege de klachten, problemen en symptomen, en het vermoeden van een stoornis waarvoor de cliënt in onderzoek komt voor psychotherapie en tot behandeling in de ggz wordt overgegaan na het stellen van een diagnose voor een specifieke symptoomstoornis of persoonlijkheidsstoornis.

Professionals in de gezondheidszorg zijn evenals de hoogbegaafde cliënt zelf vaak geneigd hoogbegaafdheid te vermijden, te bestrijden of te belijden. Professionele kennis van, zelfanalyse bij en een evenwichtige attitude ten opzichte van hoogbegaafdheid verminderen het risico in deze valkuilen te trappen. De effecten hiervan zijn: een betere diagnostiek en een meer geïndividualiseerde en effectievere persoonlijkheidsanalyse, psychotherapie en therapeutische relatie, zodat de cliënt zich meer gezien, geaccepteerd en gewaardeerd voelt als persoon met een ingewikkelde, maar mooie gave.

Dit praktijkboek integreert dimensionele persoonlijkheidsdiagnostiek met de functieanalyse, betekenisanalyse en psychotherapie bij hoogbegaafdheid in combinatie met specifieke persoonlijkheidstrekken. De verbindende schakel tussen diagnostiek en psychotherapie is de holistische theorie of casusconceptualisatie. Praktische screening van hoogbegaafdheid en diagnostiek van specifieke persoonlijkheidstrekken worden gepresenteerd in systematische stappen. Het boek biedt praktische handvatten hoe bijvoorbeeld het zelfbeeld, de prikkelgevoeligheid, de creatieve stagnatie en de interactieproblemen te begrijpen en te verbeteren zijn. Verder wordt uitgelegd hoe een casusconceptualisatie of holistische theorie, een functieanalyse en een behandelplan kunnen worden gemaakt. Hoe pas je doelen en technieken aan? Daarnaast wordt veel aandacht besteed aan de valkuilen en de stoornissen in de therapeutische relatie en hoe deze zelf concreet kunnen worden geanalyseerd en gehanteerd. Ook wordt uitvoerig ingegaan op differentiaaldiagnostiek: wanneer zijn narcisme, perfectionisme, gevoelsvermijding, autonomie et cetera gezond en wanneer pathologisch?

Casussen uit de praktijk illustreren de werkwijze.

De *opbouw* van dit boek is als volgt.

In ► H. 1 beginnen we met de brede en meerdimensionele *definitie* van persoonlijkheidskenmerken bij hoogbegaafdheid. Dit is de basis voor screening en heldere conceptualisatie van hoogbegaafdheid. Ook analyseren we hoe de ggz vandaag de dag in diagnostiek en psychotherapie aankijkt tegen en omgaat met hoogbegaafde cliënten.

In ► H. 2 wordt een praktische definitie gepresenteerd, die een heldere *screening* van hoogbegaafdheid mogelijk maakt. *Verkeerde diagnose* en dubbeldiagnose bij symptoomstoornissen en persoonlijkheidstrekken of persoonlijkheidsstoornissen worden besproken.

De *theorieën* van Millon, Beck, Young en Cloninger, de interactiegerichte diagnostiek, het dimensionele persoonlijkheidsmodel van de DSM-5 en het vijffactorenmodel passeren de revue en worden toegepast op hoogbegaafdheid in combinatie met persoonlijkheid. Wanneer is narcisme of perfectionisme of autonomie bij hoogbegaafdheid

Inleiding

pathologisch en wanneer gezond? Dat kun je bepalen met de *geestelijkegezondheidsmeetlat*. Ook wordt een aparte paragraaf gewijd aan de meestal tegelijk aanwezige persoonlijkheidstrek hoogsensitiviteit of overmatige prikkelgevoeligheid.

In ▶ H. 3 wordt het *psychotherapeutische proces* behandeld, evenals een handleiding voor het maken van een *casusconceptualisatie* of *holistische theorie* bij hoogbegaafdheid. Daarin wordt geformuleerd hoe het kerngedrag van hoogbegaafdheid een eigen plaats verdient in combinatie met het kerngedrag van de specifieke persoonlijkheid. Verder worden de *functieanalyse en betekenisanalyse* van het kerngedrag, de kerncognities en de kernemoties bij hoogbegaafdheid besproken.

▶ Hoofdstuk 4 gaat over de uitvoering en evaluatie van de psychotherapeutische *behandeling* van hoogbegaafdheid door middel van *psychotherapeutische technieken*. Deze psychotherapie is gebaseerd op een concreet *behandelplan*, dat doelen en aangepaste technieken omvat. Het behandelplan vloeit voort uit de casusconceptualisatie of holistische theorie met daarin de functieanalyses van symptoomgedrag en kerngedrag van hoogbegaafdheid en van specifieke persoonlijkheidstrekken.

▶ Hoofdstuk 5 behandelt de *functieanalyse van de therapeutische relatie en zelfanalyse* door de therapeut van eigen cognities, gevoelens en valkuilen, na eerst een interactiediagnose gesteld te hebben van zowel het algemene kerngedrag van hoogbegaafdheid als van specifieke persoonlijkheidstrekken. Specifieke interacties en interactiestoornissen per groep persoonlijkheidstrekken uiten zich in de therapeutische relatie. De therapeut analyseert en corrigeert zijn eigen inadequate reactie en therapeutengedrag, die het symptoomgedrag, het dubbele kerngedrag en het oefengedrag van de cliënt als in een vijfhoek beïnvloeden.

NB De namen van de cliënten in de casussen zijn gefingeerd. Herkenning berust op toeval.

Inhoud

1	**Algemene persoonlijkheidskenmerken bij hoogbegaafdheid**	1
1.1	Definities en prevalentie van hoogbegaafdheid.	2
1.2	Hoogbegaafdheid in de ggz	3

2	**Diagnostiek bij hoogbegaafdheid in relatie tot persoonlijkheid en symptomen**	7
2.1	Screening van hoogbegaafdheid	10
2.2	Algemene diagnostische zoekstrategie bij symptomen, achterliggende problemen en persoonlijkheid	13
2.3	Misdiagnose en functieanalytische diagnostiek bij symptoomstoornissen	18
2.4	DSM-5, persoonlijkheidstrekken en persoonlijkheidsstoornissen	22
2.5	Het vijffactorenmodel en persoonlijkheidstrekken	34
2.6	Becks cognitieve model	46
2.7	Youngs schemagerichte model	52
2.8	Interactiediagnose	57
2.9	Cloningers temperamentmodel	60
2.10	Hoogsensitiviteit als persoonlijkheidstrek	63
2.11	Integratie van diagnostiek in elf stappen bij hoogbegaafdheid en persoonlijkheid uitmondend in een holistische theorie of casusconceptualisatie	66

3	**Casusconceptualisatie, functieanalyse en betekenisanalyse van dubbel kerngedrag bij hoogbegaafdheid en persoonlijkheid**	67
3.1	Het psychotherapeutische proces: de zeven fasen	69
3.2	Handleiding voor het maken van een holistische theorie bij hoogbegaafdheid	74
3.3	Keuze voor functieanalyse van het dubbele kerngedrag bij hoogbegaafdheid in combinatie met persoonlijkheidstrekken	83
3.4	Betekenisanalyse en dubbel kernthema bij hoogbegaafdheid	89
3.5	Van functieanalyse naar behandelplan en probleemselectie	91

4	**Psychotherapie bij hoogbegaafdheid en persoonlijkheid: behandelplan, technieken en proces**	93
4.1	Behandelplan en probleemselectie bij hoogbegaafdheid	95
4.2	Psychotherapeutische technieken aangepast aan hoogbegaafdheid en hoogsensitiviteit	102
4.3	Het psychotherapeutische proces: uitvoering en evaluatie van de therapie	104

5	**De therapeutische relatie bij hoogbegaafdheid in combinatie met specifieke persoonlijkheidstrekken: zelfanalyse en functieanalyse**	107
5.1	Kerngedrag en interactiediagnose	109
5.2	Kerngedrag en interactiestoornissen, ook in de psychotherapie	109
5.3	Opgeroepen reactie van de therapeut per specifieke persoonlijkheidstrek	113
5.4	Zelfanalyse door de therapeut van zijn reactie op hoogbegaafdheid in combinatie met specifieke persoonlijkheidstrekken	114
5.5	Functieanalyse van de therapeutische relatie bij hoogbegaafdheid in combinatie met specifieke persoonlijkheidstrekken	117
5.6	Eigen cognities, gevoelens en gedrag van de therapeut bij hoogbegaafdheid: je best doen, belijden, vermijden of bestrijden	120
5.7	Oefen- en reflectiegedrag, dubbel kerngedrag, symptoomgedrag en therapeutgedrag: het 'vijfhoekmodel' bij hoogbegaafdheid	128

Bijlagen

Bijlage A Screeningsdefinitie 132
Bijlage B: Screening van hoogbegaafdheid met voor-/nadelenbalans 133
Bijlage C: Holistische theorie bij hoogbegaafdheid 135
Bijlage D: Functieanalyse bij hoogbegaafdheid 137
Bijlage E: Behandelplan bij hoogbegaafdheid 138
Bijlage F: Functieanalyse van de therapeutische relatie 139
Literatuur 143
Register 147

Auteur

Adriaan Sprey is klinisch psycholoog/psychotherapeut en als opleider psychodiagnostiek en psychotherapie geeft hij supervisie, leertherapie en postacademische opleidingen en nascholingen vanuit zijn eigen opleidingspraktijk Praktijk voor Opleiding, Therapie en Onderzoek (▶ www.adriaansprey.nl). Als auteur schreef hij eerder het *Praktijkboek Persoonlijkheidsstoornissen – Diagnostiek, cognitieve gedragstherapie en therapeutische relatie* (2002), en het *Praktijkboek Persoonlijkheidsstoornissen – DSM-5, diagnostiek, cognitieve gedragstherapie en therapeutische relatie* (2015; 2017). Houten: Bohn Stafleu van Loghum, Springer Media.

Algemene persoonlijkheidskenmerken bij hoogbegaafdheid

Samenvatting

In ▶ H. 1 beginnen we met de algemene en meerdimensionele *definitie* van persoonlijkheidskenmerken bij hoogbegaafdheid. Deze is de basis voor screening en heldere conceptualisatie van hoogbegaafdheid. Wat is de *prevalentie* van hoogbegaafdheid en hoogsensitiviteit in de algemene populatie? Ook analyseren we hoe de *geestelijke gezondheidszorg* (ggz) vandaag de dag in diagnostiek en psychotherapie aankijkt tegen en omgaat met hoogbegaafde cliënten.

1.1   Definities en prevalentie van hoogbegaafdheid – 2
1.1.1   Definities – 2
1.1.2   Prevalentie van hoogbegaafdheid – 3

1.2   Hoogbegaafdheid in de ggz – 3

Niets is zo praktisch als een goede theorie – Kurt Lewin

© Bohn Stafleu van Loghum is een imprint van Springer Media B.V., onderdeel van Springer Nature 2020
A. Sprey, *Praktijkboek hoogbegaafdheid in psychotherapie*, https://doi.org/10.1007/978-90-368-2491-0_1

1.1 Definities en prevalentie van hoogbegaafdheid

1.1.1 Definities

In de literatuur zijn vele definities te vinden, met veel overeenkomsten en ook enige verschillende accenten. Hier worden verschillende definities besproken.

Renzulli (1978) geeft de volgende definitie van hoogbegaafdheid. Wanneer op het 'drielandenpunt' van veel talent, creativiteit en hoge motivatie deze drie aspecten bij elkaar komen en leiden tot een begaafde prestatie op school of creatief gebied spreekt Renzulli (1978) van giftedness of hoogbegaafdheid. Een nadeel van deze definitie is dat die zich beperkt tot dingen die gelukt zijn, tot de uitkomst, maar veel hoogbegaafden hebben juist last van creatieve stagnatie, zodat hun aanwezige potentie er niet uitkomt.

De definitie van hoogbegaafdheid volgens de National Association for Gifted Children (2002) luidt: uitzonderlijk gedrag of talent daarvoor op één of meer van de volgende vijf gebieden: intelligentie, academische studie, creativiteit, kunst en leiderschap.

Hoogbegaafdheid uit zich niet noodzakelijk in meerdere domeinen en bijna nooit op alle vijf. Eén domein is voldoende om van hoogbegaafdheid te spreken (Webb et al. 2012).

Een hoogbegaafd persoon heeft volgens Webb et al. (2005 en 2012) naast in ieder geval hoge intelligentie (IQ > 130) de volgende zes kenmerken:
1. intensiteit, gevoeligheid, overmatige prikkelgevoeligheid;
2. andere manier (lineaire en niet-lineaire) van denken en leren;
3. idealisme;
4. asynchrone ontwikkeling (motorisch, sociaal en intelligentie);
5. interessepatronen zijn intens, breed en/of ongewoon;
6. creativiteit.

Zie voor een uitvoerige beschrijving van de kenmerken Webb et al. 2012, ► H. 1. Met toestemming overgenomen.

Kuipers spreekt in zijn definitie over extra intelligentie en benadrukt onder andere kenmerken de behoefte aan autonomie (zie Kuipers en Van Kempen 2007).

Het Delphi-model van hoogbegaafdheid is gebaseerd op expert-opinies van coaches en therapeuten en geeft een positieve en niet-prestatiegerichte definitie van hoogbegaafdheid (Kooijman-van Thiel et al. 2008).

Hoogbegaafdheid gaat vaak samen met perfectionisme (Rogers en Silverman 1997).

De overeenstemming tussen de verschillende definities is groot, maar er zijn natuurlijk ook accentverschillen. De definitie van Webb is het meest uitvoerig en gedetailleerd beschreven (Webb et al. 2012).

Hoogbegaafdheid is meerdimensioneel en gaat samen met een cluster van persoonlijkheidskenmerken, en is daarom veel breder dan intelligentie of IQ in engere zin.

Bij visies op hoogbegaafdheid bestaat er een tegenstelling tussen potentieel talent ('het zit erin') of in prestaties gerealiseerd talent ('het is er uitgekomen door middel van een bijzondere prestatie'). Potentiële prestaties zullen regelmatig niet gerealiseerd worden vanwege psychische of lichamelijke klachten en/of door persoonlijkheidsproblematiek. Iemand kan beter in staat worden om zijn talent te benutten door goede diagnostiek en behandeling met psychotherapie. In dit boek baseren we ons op de definitie en kenmerken van Webb et al. (2012), waar de meeste kenmerken benoemd worden. Bij Kuipers en Van Kempen (2007) wordt *autonomie* sterk benadrukt en dat is een

1.1 · Definities en prevalentie van hoogbegaafdheid

Tabel 1.1 Percentages van al (+) dan niet (−) voorkomen van hoogbegaafdheid en van hoogsensitiviteit in de hele bevolking

		HB +	HB −	
HSP	+	3,5 %	16,5 %	20 %
	−	0,5 %	79,5 %	80 %
		4 %	96 %	100 %

belangrijk apart persoonlijkheidskenmerk dat een expliciete aanvulling geeft op Webbs definitie (zie ▶ par. 2.1). We maken in dit boek onderscheid tussen autonoom denken en autonoom handelen.

1.1.2 Prevalentie van hoogbegaafdheid

Een hoge intelligentie komt voor bij drie tot vijf procent van de bevolking (Webb et al. 2012). Dit betekent een IQ boven de 130. Uitzonderlijk hoge intelligentie komt veel zeldzamer voor, namelijk bij een tot twee op de duizend kinderen (Webb et al. 2012). Dan ligt het IQ boven de 155.

Hoogsensitiviteit komt voor bij twintig procent van de bevolking (Aron 2002; Van Hoof 2016).

Van de personen met hoogbegaafdheid is de overgrote meerderheid (87 %) tegelijk ook hoogsensitief (Van Hoof 2016).

In ◘ tab. 1.1 staan de verschillende percentages samengevat.

1.2 Hoogbegaafdheid in de ggz

Van de cliënten die in de ggz in onderzoek of therapie zijn, is naar schatting tien tot twaalf procent hoogbegaafd, bijna driemaal zoveel als in de algemene bevolking (4 %).

De voordelen en noodzaak van aparte aandacht voor de groep cliënten met daarentegen lage intelligentie sluiten goed aan bij het 'gezonde verstand', want wordt snel ingezien door mensen in hun omgeving met een gemiddeld of hoog IQ en door zorgverleners. De voor-/nadelenbalans van mensen met een laag IQ zal immers meestal negatief zijn, want zij hebben hierdoor over het algemeen een minder goed adaptatief vermogen. Hoe anders wordt tegen de cliënt met een hoge(re) intelligentie aangekeken. Het is moeilijk te begrijpen dat iemand die de luxe kent van zoveel meegekregen talent toch faalt in werk en relaties of lijdt aan burn-out, depressie, verslaving of een persoonlijkheidsstoornis. Dat geldt ook voor een empathisch en wetenschappelijk extra geschoolde ggz-therapeut. Dit leidt tot ambivalente gedachten en gevoelens en tot cognitieve dissonantie. Liggen die problemen aan de hoogbegaafdheid, de symptoomstoornis of de persoonlijkheidstrekken of -stoornis? De hoogbegaafde cliënt, die in ruim tachtig procent van de gevallen ook hoogsensitief is, merkt dit conflict bij de therapeut op.

De therapeut – en daarmee tevens de cliënt – heeft te maken met de huidige *tijdgeest* in de geestelijke gezondheidszorg. Wat is er veranderd? Door de geldstroom van de zorgverzekeraars is een kortdurende behandeling aan de hand van een protocol de eerste keus geworden. Dit past ook bij het somatische ziektemodel. De cliënt is verzekerd tegen psychische stoornissen en krijgt soms medicatie en een aantal minuten onderzoek en psychologische behandeling, bijvoorbeeld bij een matige depressie. Daarvoor is het 'grote afsprakenboek', de DSM-5, met de criteria van alle 'erkende' psychische stoornissen bedoeld. Het DSM-classificatiesysteem heeft veel voordelen, eenduidige en wereldwijde criteria die betere professionele communicatie en wetenschappelijk onderzoek mogelijk maken, maar heeft ook nadelen. De dominantie van DSM-5-classificatie ('is dit een matige depressie?') leidt ertoe dat de psycholoog of psychiater die de intake doet, cliënten moet gaan sorteren voor zogenoemde stoornisspecifieke zorgpaden en teams. Naar welk team moet deze cliënt? Team angst en trauma, stemming, psychose of persoonlijkheidsstoornissen? Hierin uit zich ook de protocollengerichtheid. Er is een 'diagnose' gesteld, lees: een cliënt heeft een classificatie van zijn symptomen gekregen en de behandeling vind plaats aan de hand van een protocol voor de vastgestelde stoorniscategorie. Vaak werkt het specifieke protocol, maar in de specialistische ggz (SGGZ) werkt in de praktijk een derde van de protocollen echter niet. Ook bij de huisarts werken de richtlijnen in een derde van de gevallen niet, maar dan wordt er beargumenteerd van afgeweken, wat individueel maatwerk voor deze specifieke cliënt betekent. In de ggz zijn behandelingen ook vaker transdiagnostisch, dat wil bijvoorbeeld zeggen dat een negatief zelfbeeld behandeld wordt over allerlei diagnosen heen. Tevens zijn therapieën vaker geïndividualiseerd: ze houden rekening met de persoonlijkheidstrekken, omdat die trekken ervoor zorgen dat cliënten de beoogde oefeningen uit het protocol niet of anders dan bedoeld uitvoeren. Ook de therapeut in de ggz leert regels (de protocollen) en uitzonderingen (De Groot 1961). Bovendien is het vigerende model dat van het 'pathologisme': er wordt pathologie of een stoornis verwacht en dus wordt daarnaar gezocht. Psychodiagnostiek, dat wil zeggen dat je je gestelde hypothesen met tests toetst, is duur en kost tijd, en mag van de zorgverzekeraar alleen ingezet worden om de classificatie en het snel sorteren voor de behandeling te ondersteunen. Dit is contra-productief en kan ten koste gaan van het verkrijgen van een volledig beeld en andere differentiaaldiagnosen en van het indiceren en uitvoeren van een uitgebreider persoonlijkheidsonderzoek, hetgeen soms pas plaatsvindt na een jaar mislukte deeltijdbehandeling. Evalueren is in de praktijk vaak achteraf bijstellen. De te grote classificatiegerichtheid heeft zo haar nadelen.

In deze context ontmoet de eigenwijze, kritische en autonome hoogbegaafde cliënt de reductionistische, classificerende deskundige van de ggz. De persoonlijkheidstrekken van de hoogbegaafde en de niet in de DSM-5 opgenomen, dus onbekende diagnose, bemoeilijken het diagnostisch zoekproces en het indiceren van een psychotherapie. Zowel de cliënt als de professional raakt gemakkelijk gedemoraliseerd. Dat is voor beiden jammer, want het leidt af van de interactie therapeut-cliënt en is voor de cliënt meestal ook schadelijk. Deze wordt opnieuw, net als in zijn kindertijd, niet begrepen; hij is weer een pijnlijke uitzondering en krijgt geen helder kader en effectieve therapie aangereikt door de specialist. Op meta-niveau is dit een gevolg van de tijdgeest, van de classificatiedwang en van verkeerde diagnosen en gerichtheid op zo snel mogelijk, liefst protocollair behandelen. '*Je gaat het pas zien als je het doorhebt.*' Deze hoogbegaafde tekst zou eigenlijk in iedere spreekkamer op een tegeltje moeten hangen, als een pleidooi voor goede, geïndividualiseerde en grondige psychodiagnostiek bij complexe casussen. Naast therapiewinst (aangetoond door Layard en Clark 2018) is er ook diagnostiekwinst te behalen. Want voor de maatschappij is ontoereikende diagnostiek op de lange termijn duur, doordat er door verkeerde diagnosen ineffectief wordt behandeld.

Inhoudelijk en gevoelsmatig wordt de diagnosticus en ggz-therapeut geconfronteerd met een lastig probleem bij hoogbegaafdheid en hoogsensitiviteit, namelijk zijn eigen gevoelens en cognities over beide. Een nascholingscursist vertelde dat zij in haar academische omgeving en team zeker niet zou vertellen dat ze zelf hoogbegaafd en hoogsensitief was en ook niet dat ze dacht dat dat voor een besproken cliënt gold. Spot en hoon zouden haar deel zijn, en ze zou dalen in de wetenschappelijke hiërarchie binnen haar team. Collega's zouden haar meteen zweverig, new age, alternatief en onwetenschappelijk vinden. Kortom, deze collega koos voor *vermijding* en haar team voor bestrijding.

Een tweede collega was zelf getraumatiseerd doordat zij als ziek, hoogbegaafd kind gepest werd. Zij probeerde dit trauma als volwassene te compenseren. Zij zag in iedere intelligente volwassene te snel een hoogbegaafde die geen goede diagnose had gekregen en daardoor geen goede behandeling. Telkens was zij daarover plaatsvervangend verontwaardigd, en in haar team werkte zij vanuit de 'uniformiteitsmythe', waardoor er een eenzijdige en daarmee onjuiste casusconceptualisatie werd opgesteld. Zij ging behoren tot de *belijdende* psychotherapeuten, hetgeen collega's irriteerde en cliënten te veel in de slachtofferrol duwde.

Een derde collega, met dominante eigenschappen, maar tot zijn ergernis zelf niet hoogbegaafd, had moeite met superintelligente cliënten die hem te slim af waren en kwam snel in een narcistische competitie terecht. Hij was gewend de informele leider van het team te zijn, en door zijn langdurige opleiding en ervaring als psychotherapeut voelde hij zich de competentste en alwetende diagnosticus en therapeut van het team. Zijn teamgenoten durfden niet goed tegen hem in te gaan en gingen mee in zijn illusie. Alleen de eigenwijze, autonome hoogbegaafde cliënten gingen in de onder- en boven/tegen-positie zitten en maakten het hem moeilijk met hun verzet, kritiek en devalueren, die hij overmatig ging *bestrijden*. Hoogbegaafdheid werd in zijn ogen een narcistische-persoonlijkheidsstoornis. Een student die zichzelf had gediagnosticeerd als hoogbegaafd werd afgeserveerd als een opgeblazen narcist, die als leek zichzelf een sociaal wenselijke en ijdele diagnose op de borst spelde.

Hoogsensitiviteit is voor veel ggz-collega's een term uit de alternatieve en coachingswereld, die als onwetenschappelijk wordt beschouwd. Deze reactie speelt bij aanmeldingsproblemen als burn-out, chronische vermoeidheid en ADHD. Recent wetenschappelijk onderzoek in Brussel (Van Hoof 2016) leverde op dat het bij hoogsensitiviteit om de factor diepgaande verwerking van prikkels gaat (zie ▶ par. 2.10). Veel Nederlandse collega's blijken hier echter niet van op de hoogte te zijn, en in de specialistische opleidingen en nascholingen is het een zeldzaam onderwerp, zodat ervaringen van hoogsensitiviteit geheel anders geduid worden, waardoor de therapeut op andere persoonlijkheidstrekken en eigenschappen van de cliënt gaat focussen en deze gaat behandelen. Hierdoor leert de cliënt hoogstens (met een beetje geluk) ten dele om te gaan met omgevingsfactoren die een belasting voor hem/haar zijn. Vaak is de therapeut die niet bekend is met hoogsensitiviteit zelfs geneigd om de cliënt te gaan overvragen qua blootstelling aan prikkels.

Diagnostiek bij hoogbegaafdheid in relatie tot persoonlijkheid en symptomen

Samenvatting

Doel van ► H. 2 is praktisch te leren *screenen*, misdiagnosen te voorkomen en dubbeldiagnose te verhelderen bij hoogbegaafdheid in relatie tot klachten en persoonlijkheid. We gebruiken hiervoor meerdere *theorieën,* namelijk die van Millon, Beck, Young, Cloninger en de interactiegerichte diagnostiek. Ook wordt een aparte paragraaf gewijd aan de meestal tegelijk aanwezige persoonlijkheidstrek *hoogsensitiviteit* of overmatige prikkelgevoeligheid. Een uitvoerige plaats neemt het nieuwe dimensionele DSM-5-model bij persoonlijkheidsstoornissen in voor pathologische trekken en het vijffactorenmodel voor algemene (of 'normale' trekken). Wanneer zijn narcisme, perfectionisme, autonomie et cetera bij hoogbegaafdheid pathologisch, en wanneer gezond? Dat kun je bepalen met de *geestelijkegezondheidsmeetlat*. Hiermee wordt het persoonlijkheidsfunctioneren bepaald in vier domeinen, te weten: identiteit, zelfsturing, empathie en intimiteit.

2.1   Screening van hoogbegaafdheid – 10
2.1.1   Screeningsdefinitie – 10
2.1.2   Afname – 10
2.1.3   Uitwerking – 10
2.1.4   Klinisch oordeel van hoogbegaafdheid – 11
2.1.5   Zelfdiagnose van hoogbegaafdheid – 11
2.1.6   Uitwerking – 13

Je gaat het pas zien als je het doorhebt – Johan Cruijff

© Bohn Stafleu van Loghum is een imprint van Springer Media B.V., onderdeel van Springer Nature 2020
A. Sprey, *Praktijkboek hoogbegaafdheid in psychotherapie*, https://doi.org/10.1007/978-90-368-2491-0_2

2.2		Algemene diagnostische zoekstrategie bij symptomen, achterliggende problemen en persoonlijkheid – 13
	2.2.1	Van cliënt naar diagnose: van eenvoudig tot complex – 14
	2.2.2	Drie relevante zoekdimensies – 14
	2.2.3	Tweezijdig persoonlijkheidsonderzoek bij hoogbegaafdheid – 16
2.3		Misdiagnose en functieanalytische diagnostiek bij symptoomstoornissen – 18
2.4		DSM-5, persoonlijkheidstrekken en persoonlijkheidsstoornissen – 22
	2.4.1	Millon en diagnostiek van persoonlijkheid of persoonlijkheidsstoornis – 22
	2.4.2	Het categorale DSM-5-model en classificatie van twaalf groepen persoonlijkheidstrekken – 24
	2.4.3	De verhouding tussen classificatie in categorieën en dimensionele diagnostiek – 25
	2.4.4	Het innovatieve dimensionele DSM-5-model en persoonlijkheidsdiagnostiek – 27
	2.4.5	Mate van ernst van persoonlijkheidsdisfunctioneren: de 'geestelijkegezondheidsmeetlat' – 28
	2.4.6	Vijf domeinen en 25 pathologische persoonlijkheidstrekken – 31
	2.4.7	Hoogbegaafdheid en pathologische trekken – 34
2.5		Het vijffactorenmodel en persoonlijkheidstrekken – 34
	2.5.1	De inhoud van de vijf factoren en de dertig facetten – 35
	2.5.2	Het vijffactorenmodel en screenen op algemene trekken bij hoogbegaafdheid – 37
	2.5.3	Hoogbegaafdheid en gezonde trekken – 38
2.6		Becks cognitieve model – 46
2.7		Youngs schemagerichte model – 52

2.8	Interactiediagnose – 57	
2.8.1	De roos van Leary – 57	
2.8.2	Hechting – 57	
2.9	Cloningers temperamentmodel – 60	
2.9.1	Zelfoordeel met tests – 61	
2.9.2	Temperament en hoogbegaafdheid – 61	
2.9.3	Hoogbegaafdheid in relatie tot temperament – 63	
2.10	Hoogsensitiviteit als persoonlijkheidstrek – 63	
2.10.1	Uitwerking – 64	
2.10.2	Overexcitability (OE) en het vijffactorenmodel – 64	
2.10.3	Zelfoordeel met test gericht op Overexcitability (OE) – 64	
2.10.4	Hoogsensitiviteit en stress – 66	
2.11	Integratie van diagnostiek in elf stappen bij hoogbegaafdheid en persoonlijkheid uitmondend in een holistische theorie of casusconceptualisatie – 66	

2.1 Screening van hoogbegaafdheid

In de praktijk passen we voor de screening van hoogbegaafdheid de definitie van de zes persoonlijkheidskenmerken bij hoogbegaafdheid volgens Webb et al. (2012) toe, aangevuld met behoefte aan autonomie (Kuipers en Van Kempen 2007). We splitsen deze in autonoom denken en autonoom handelen. Ook perfectionisme (Rogers en Silverman 1997), dat vaak optreedt, nemen we mee.

We gaan in dit boek klinisch uit van minstens zes van de tien kenmerken waaronder in ieder geval: hoogintelligent. Hoogsensitiviteit (kenmerk 2) is meestal (in ruim 80 % van de gevallen) aanwezig.

2.1.1 Screeningsdefinitie

Een hoogbegaafd persoon is in ieder geval hoogintelligent en heeft daarnaast minstens *vijf* van de andere negen persoonlijkheidskenmerken:
1. hooginteligent (IQ > 130);
2. intens voelend, hoogsensitief en/of sterk prikkelgevoelig;
3. snel, complex, veelzijdig en divergent denkend;
4. idealistisch en met een sterk rechtvaardigheidsgevoel;
5. asynchroon in de persoonlijke ontwikkeling (motorisch, sociaal en intellectueel);
6. nieuwsgierig, met een intens, breed en/of ongewoon interessepatroon;
7. snel en creatief oplossingen scheppend;
8. autonoom denkend;
9. autonoom handelend;
10. perfectionistisch.

Deze screeningsdefinitie is gebaseerd op Webb et al. (2012) voor de kenmerken 1 t/m 7, met toestemming overgenomen, op Kuipers en Van Kempen (2007) voor kenmerk 8 en 9 en op Rogers en Silverman (1997) voor kenmerk 10.

2.1.2 Afname

Geef een cijfer van 0 (helemaal niet van toepassing) tot en met 10 (helemaal van toepassing) op basis van zelfoordeel, oordeel door een ander en een therapeutenoordeel. Zie bijlage B. Vraag de cliënt eveneens om zijn eigen voor-/nadelenbalans op te schrijven. Kijk naar de onderlinge correlatie, en corrigeer voor overschatting of onderschatting door de cliënt.

2.1.3 Uitwerking

Zes of meer kenmerken met een score gelijk aan of boven 7,5 wijzen op hoogbegaafdheid. Je kunt dit bij twijfel of bij weinig zelfinzicht bij de cliënt aanvullen met een oordeel door een 'gezonde', belangeloze ander uit de directe omgeving van de cliënt en een klinisch oordeel. Zo nodig toets je met tests.

2.1.4 Klinisch oordeel van hoogbegaafdheid

De clinicus beoordeelt of het algemene kerngedrag voldoet aan kenmerk 7, creatief en snel oplossingen scheppen, en of dat hoogfrequent is, transtemporeel in het hele leven zichtbaar vanaf de jeugd en transsituationeel in allerlei voor de cliënt boeiende situaties. Ten slotte moet het kerngedrag passen in de functieanalyse van hoogbegaafd kerngedrag (zie ▶ par. 3.3).

Voor de beoordeling van creativiteit moet je rekening houden met perioden van creatieve stagnatie. Indien er sprake van stagnatie is, mist de cliënt zijn creatieve uitingen en is deze vaak ook depressief of overbelast. In perioden van creativiteit ('flow') is deze een belangrijke bekrachtiging voor de cliënt. Hij lijdt onder stagnatie of geniet van flow.

Therapeutenoordeel van hoogbegaafdheid	
Hoogfrequent kerngedrag van creatief en snel oplossingen scheppen	+
Transtemporeel aanwezig vanaf de vroege jeugd	+
Transsituationeel in boeiende situaties	+
Kerngedrag past in de functieanalyse van hoogbegaafdheid	+

2.1.5 Zelfdiagnose van hoogbegaafdheid

Een redelijk objectieve zelfdiagnose is heel moeilijk voor de cliënt; hoogbegaafdheid past vaak niet in zijn zelfbeeld, en hij vergelijkt zichzelf negatief met uitzonderlijke en dus opvallende, alom erkende hoogbegaafde klasgenoten, medestudenten, collega's, broers of zussen, familieleden (mensen in zijn toevallige referentiegroep en in de media).

Naast zelfonderschatting komt het omgekeerde ook voor: de cliënt wil te graag hoogbegaafd zijn, maar is het niet. Hij overschat zichzelf en wil compensatie voor negatieve ervaringen in het verleden (bijvoorbeeld falen en negatieve oordelen op school, studie of in het gezin), die in één klap zou worden gerealiseerd met de diagnose van 'eigenlijk was en ben ik hoogbegaafd'.

Daarom is het van belang om de (verwachte) voor-/nadelenbalans (zie ◘ tab. 2.1) van een mogelijke diagnose hoogbegaafdheid door te werken (de functieanalyse, zie ▶ par. 3.3) en ook te vergelijken met positieve en negatieve voorbeelden uit de omgeving en uit de media en de cultuur et cetera. Op wie zou je willen lijken en op wie zeker niet? Het gaat om het zelfbeeld, het beeld van de ander, de leergeschiedenis en persoonlijkheidstrekken (zie ▶ H. 3) en niet alleen om de intelligentie in engere zin. Eigenlijk is het IQ het minst interessant. Een brede screening en persoonlijkheidsanalyse door een deskundig psycholoog is aan te bevelen en meestal ook noodzakelijk.

De screeningslijst in tab. 2.1 is ingevuld door een dertigjarige vrouw, die in haar werk steeds tegen dezelfde interactieproblemen aanloopt. Een bevriende therapeut raadde haar aan om deze hoogbegaafdheidslijst in te vullen en na te denken over de voor- en nadelen. De antwoorden zijn illustratief voor de antwoorden van veel hoogbegaafden. ZO betekent zelfoordeel door de cliënt en AO anderoordeel, in dit geval door de therapeut.

◼ **Tabel 2.1** Voor-/nadelenbalans van tien kenmerken van hoogbegaafdheid

HB-kenmerk	Sterkte 0–10 ZO/AO	Voordelen	Nadelen
hoogintelligent	5/9	– veel verschillende taken aankunnen – succesvol en boeiend werk	– overal iets mee moeten – bedreigend voor collega's
– intens voelend – hoogsensitief – overmatig prikkelgevoelig (HSP/OE)	9/8	– opmerkzaam – intens genieten van kunst en reizen	– uitputtend – hersteltijd nodig
– snel denkend – complex denkend – divergerend	8/10	– originele oplossingen kunnen bedenken, – gevolgen kunnen uitrollen en daarnaar kunnen handelen	– niet kunnen stoppen met denken – ik sta altijd 'aan'
idealistisch en met een sterk rechtvaardigheidsgevoel	6/8	eerlijkheid	teleurgesteld over het gedrag van anderen en dit moeilijk kunnen loslaten
asynchrone ontwikkeling (leergeschiedenis) motorisch, sociaal, intellectueel	3/5	flexibiliteit	– onrust – sociale uitzondering
nieuwsgierig met een intens, breed of ongewoon interessepatroon	9/8	– venthousiasme – brede algemene ontwikkeling	– weinig focus – keuzestress – versnippering
snel en creatief oplossingen scheppend	9/10	blij als het lukt	– het houdt nooit op – altijd weer nieuwe oplossingen willen bedenken
autonoom denkend	8/9	– intellectueel zelfvertrouwen – varen op je eigen kompas	– buitenstaander zijn – eenzaamheid
autonoom handelend	8/9	zelfredzaamheid	– sociale conflicten – geen hulp durven vragen
perfectionistisch	5/9	kwaliteit leveren	– het is nooit goed genoeg – tijdverlies – minder werkplezier

Deze screeningsdefinitie is gebaseerd op Webb et al. (2012) voor de kenmerken 1 t/m 7, met toestemming overgenomen, op Kuipers en Van Kempen (2007) voor kenmerk 8 en 9 en op Rogers en Silverman (1997) voor kenmerk 10.

2.1.6 Uitwerking

Cliënt herkent zelf zeven van de tien kenmerken, maar niet de voor de diagnose vereiste hoge intelligentie. Daar is iemand in principe op te testen. De therapeut herkent alle tien de kenmerken, maar het is altijd aan te bevelen om te testen met een kritisch oog voor eventueel onderpresteren. Op grond van deze gegevens lijkt hoogbegaafdheid waarschijnlijk. Naast de tien kenmerken weegt de therapeut in zijn klinisch oordeel ook de algemene criteria af (zie volgend kader).

Therapeutenoordeel van hoogbegaafdheid	
Hoogfrequent kerngedrag van creatief en snel oplossingen scheppen	+
Transtemporeel zich uitend vanaf de vroege jeugd	+
Transsituationeel in boeiende situaties	+
Kerngedrag past in de functieanalyse van hoogbegaafdheid	+

2.2 Algemene diagnostische zoekstrategie bij symptomen, achterliggende problemen en persoonlijkheid

Diagnostiek komt van het Griekse woord *dia-gnosis*, wat 'middel om te doorzien of om nauwkeurig te beoordelen' betekent. Zonder dat een psycholoog door de cliënt heen kan kijken – waar leken soms bang voor zijn – heeft deze als opgave om door een grote hoeveelheid ingewikkelde informatie heen te kijken en daar structuur in aan te brengen. Wat is de rode draad in het verhaal van de cliënt? Wat leidt tot wat in het heden en vanuit het verleden? Zijn gevonden verbanden toevallige correlaties of oorzakelijke verbanden? Deze vragen spelen op allerlei niveaus: de symptomen, de achtergrondproblemen vroeger en nu, en de persoonlijkheid. Zijn persoonlijkheid is voor de cliënt vaak een even vanzelfsprekend gegeven als zijn lichaam. De cliënt lijdt subjectief onder een negatief gevoel en, evenals zijn omgeving, onder de nadelen van zijn gedrag. Toch is de cliënt zich in veel gevallen niet bewust van de nadelen die zijn gedrag, vaak pas op de lange termijn, heeft. Een cliënt met een narcistische-persoonlijkheidsstoornis heeft doorgaans een goed gevoel en is trots op zichzelf, maar merkt dat zijn omgeving steeds negatiever op hem gaat reageren. Ook het niet realiseren van persoonlijke mogelijkheden is voor de cliënt een vorm van lijden die wellicht bewust te maken is, zoals een niet-gediagnosticeerde ziekte pas tot een behandeling leidt als de cliënt zich bewust wordt van de ziekte en de mogelijkheid van genezing.

In het diagnostische proces (Hofstee 1990) wordt gestart met een diagnostische vraag van de cliënt en zijn omgeving: 'Wat is de oorzaak van de symptomen en problemen, en is er iets aan te doen?' In gesprek met de cliënt of zijn omgeving wordt de vraag verhelderd en concreter gemaakt, maar ook verbreed naar achtergronden en persoonlijkheid, en soms geherformuleerd. De cliënt wordt bewust gemaakt van de nadelen van het voor hem tot op heden vanzelfsprekende gedrag, evenals van de ongeziene voordelen. De clinicus komt tot een hypothese over de diagnose van de symptomen, de samenhang van de problemen en de mogelijke aanwezigheid van een persoonlijkheidsstoornis. Deze hypothese wordt getoetst aan de hand van allerlei theoretische modellen en met verschillende instrumenten, zoals observatie in het gesprek, een interview met de cliënt en zijn omgeving, zelfregistratieopdrachten uitgevoerd door de cliënt, en psychologische tests. De hypothese wordt bevestigd of weerlegd. In het laatste geval begint het diagnostische zoekproces weer van voren af aan tot een waarschijnlijk antwoord op de beginvraag gevonden is en op grond daarvan een plan tot verandering (het behandelplan) geformuleerd kan worden. Hoe kan deze cliënt bij een wenselijke verandering geholpen worden, en hoe kan deze cliënt leren zichzelf te veranderen om terugval in de toekomst te voorkomen?

In dit hoofdstuk passeren theorieën en meetinstrumenten de revue op basis waarvan een praktisch algemeen diagnostisch zoekschema wordt gepresenteerd, dat een heldere diagnostiek van persoonlijkheidsstoornissen mogelijk maakt.

2.2.1 Van cliënt naar diagnose: van eenvoudig tot complex

Wanneer een cliënt in onderzoek voor psychotherapie komt, heeft hij soms duidelijke, enkelvoudige klachten en heeft hij soms zelf al een heldere diagnose gesteld. Cliënten hebben een wisselend bewustzijn van zichzelf, hun klachten en symptomen en hun persoonlijkheid. De klachten van de cliënt kunnen ook meervoudig en diffuus zijn en op allerlei gebieden van psychopathologie liggen, zoals een combinatie van een stemmingsstoornis, angststoornis, psychotische stoornis, somatoforme stoornis, eetstoornis, verslaving en/of interpersoonlijke stoornis. Soms lijdt de cliënt zelf het meest onder de stoornis (subjectief lijden), soms diens omgeving. Ook kan het psychosociaal functioneren van de cliënt aangetast zijn zonder dat deze daar zelf veel last van heeft.

De clinicus moet beginnen met het zoeken naar en het ordenen en analyseren van zowel (de functie en betekenis van) de klachten en symptomen als de persoonlijkheid of de persoonlijkheidsstoornis. Dit hoofdstuk beschrijft hoe de onderzoeker in de praktijk kan zoeken naar een diagnose (algemene diagnostische zoekstrategie).

2.2.2 Drie relevante zoekdimensies

De diagnostische zoekstrategie houdt in dat de clinicus op drie dimensies gaat zoeken. We verhelderen deze zoekstrategie bij hoogbegaafdheid hier met behulp van casussen en voorbeelden.

Ten eerste kunnen klachten of symptomen ingedeeld worden op een continuüm van enkelvoudig naar diffuus of complex.

> **Casus Peter Scherp**
>
> Peter is hoogbegaafd en bang voor injecties, omdat hij meerdere malen tijdens het injecteren is flauwgevallen. Peter heeft last van een enkelvoudige fobie, injectietype. Verder kan de onderzoeker geen symptomen bij Peter vaststellen. Peter is een voorbeeld van een cliënt met een enkelvoudig symptoom.

2.2 · Algemene diagnostische zoekstrategie bij symptomen

> **Casus Vera Tobbe**
>
> Vera maakt zich over alles angstige zorgen. Zij is hoogbegaafd en kan snel denken. Als het niet over haar gezondheid is, dan is het over geld, of over het functioneren in haar werk, of over de toekomst van haar kinderen en of deze niet een ongeluk zullen krijgen. Zij kan dit piekeren geen halt toeroepen en is permanent gespannen en wisselend angstig. Zij heeft een gegeneraliseerde-angststoornis. Ook is Vera al enkele jaren licht depressief. Zij voldoet ook aan de DSM-5-criteria voor persisterende depressieve stoornis of dysthymie (een lichte maar langdurige depressie). Zij gaat naar haar huisarts voor terugkerende migraine. Wanneer zij in psychotherapeutisch onderzoek bij de ggz gaat, vindt de onderzoeker bij Vera diffuse, meervoudige symptomen en mogelijk een persoonlijkheidsstoornis op de achtergrond.

In het algemeen kunnen symptomen bij een cliënt wisselen in aantal, in hevigheid en in frequentie, en zij kunnen variëren per situatie. Een boulimische vreetbui kan bijvoorbeeld enkele keren per maand of per dag optreden, kan korter of langer duren en al dan niet leiden tot braken. Situaties waarin vreetbuien optreden verschillen: soms vreet de cliënt alleen binnenshuis, soms op zijn werk (meestal wel in (zelfgeorganiseerde) afzondering). Angsten kunnen beperkt zijn tot één duidelijke, goed af te grenzen situatie, zoals het krijgen van een injectie bij Peter, maar kunnen ook zo diffuus zijn dat talloze situaties, gedachten of fantasieën de angsten doen opvlammen, zoals het onafgebroken piekeren van Vera.

Ten tweede zoekt de diagnosticus naar achterliggende problematiek. Ook deze kan variëren van enkelvoudig tot complex. De onderzoeker gaat kijken naar de oorzaken, de problemen op de achtergrond. Zo kan achter een angststoornis of een depressieve stoornis op as I één oorzaak liggen, zoals een eenmalige paniekaanval, een recent verlies of actuele overbelasting. Veel complexer wordt het wanneer bijvoorbeeld langdurige traumatisering de achtergrond van de symptoomstoornis vormt, zoals bij mensen die als kind in een Jappenkamp hebben gezeten of bij onverwerkte, gecompliceerde rouw (Van den Bout et al. 1998).

Het is hierbij verhelderend een onderscheid te maken tussen staartproblemen, middenproblemen en vroege problemen (Hermans et al. 2018). Staartproblematiek verwijst naar iemands klachten en symptomen. Moeilijkheden in het heden worden middenproblemen genoemd en die in het verleden vroege problemen. Voorbeelden van bepalende factoren uit het verleden (vroege problematiek) zijn: gebrekkige of juist overmatige ontwikkeling van het vermogen om boosheid te uiten; traumatische gebeurtenissen, zoals mishandeling, incest en seksueel misbruik; scheiding en alcoholmisbruik van de ouders; en verwaarlozing of verwenning. Deze vroegere gebeurtenissen (problemen) zijn opgeslagen in het emotionele geheugen en hebben geleid tot de vorming van bepaalde beelden van het zelf, de ander en de wereld (▶ par. 2.6). Factoren uit het heden (middenproblematiek) zijn situaties waarin de cliënt op dit moment of het laatste jaar blootstaat aan stress, bijvoorbeeld geregeld ruzie of onvoldoende communicatie binnen de partnerrelatie, een scheiding, recente trauma's, conflicten op het werk, overbelasting, onvoldoende sociale steun of geen plezierige en ontspannende activiteiten in de vrije tijd. Middenproblemen liggen op het terrein van huidige relaties, werk en vrije tijd.

De onderzoeker verdeelt de achtergrondproblemen zowel in huidige en vroege problemen als in enkelvoudige en meervoudige problemen. Deze twee keer twee categorieën vallen niet samen. Enkelvoudige achtergrondproblemen zijn vaak huidige problemen, zoals overbelasting alleen op het werk. Maar ook vroege achtergrondproblemen kunnen enkelvoudig zijn, zoals een eenmalig trauma in de vroege ontwikkeling, bijvoorbeeld het overlijden van een van de ouders. Een ander voorbeeld van enkelvoudige vroege problematiek is een enkelvoudige vorm van *underlearning*, zoals door affectieve verwaarlozing of sociaal isolement in de jeugd. Een cliënt met een afhankelijke-persoonlijkheidsstoornis kan beschermd zijn opgevoed als nakomertje in het gezin en nooit hebben geleerd zelfstandig te zijn. Vroege achtergrondproblemen zijn meestal meervoudig en ingewikkeld, maar huidige problemen kunnen dat ook zijn en op tal van gebieden tegelijk spelen, zoals werk, sociale relaties, vrije tijd en partner.

Ten derde diagnosticeert de onderzoeker de persoonlijkheidstrekken en de eventuele persoonlijkheidsstoornis. Iemand die meegaand is kan bijvoorbeeld afhankelijke trekken vertonen in enkele situaties. Deze persoon is bijvoorbeeld afhankelijk in zijn huwelijk en bij enkele vrienden, maar niet in alle sociale relaties, bijvoorbeeld niet op zijn werk en in de vrije tijd. Als deze afhankelijkheid extremer wordt, gaat deze persoon zich overal en bij iedereen (transsituationeel) aanpassen en zich hechten. Dan ontwikkelt hij een afhankelijke-persoonlijkheidsstoornis.

De diagnosticus probeert tot een van de volgende antwoorden te komen.
- Er is geen persoonlijkheidsstoornis.
- Er zijn enkele trekken van één persoonlijkheidsstoornis.
- Er zijn enkele trekken van meerdere persoonlijkheidsstoornissen ('mengbeeld').
- Er is één persoonlijkheidsstoornis.
- Er zijn meerdere persoonlijkheidsstoornissen tegelijk aanwezig.

Millon (▶ par. 2.4.1) vat persoonlijkheidstrekken en persoonlijkheidsstoornissen op als een continuüm: gezonde trekken worden steeds eenzijdiger en extremer en gaan in steeds meer situaties optreden (transsituationeel) en steeds meer het gedrag bepalen (Millon en Everly 1985). Deze persoonlijkheidstrekken worden dan pathologisch en vormen als ze dat in voldoende mate zijn (meestal minstens vier of vijf criteria) een persoonlijkheidsstoornis.

Met het zoeken op drie dimensies komen we tot het algemene diagnostische zoekschema (◘ fig. 2.1).

2.2.3 Tweezijdig persoonlijkheidsonderzoek bij hoogbegaafdheid

De *wederzijdse* invloed van persoonlijkheidstrekken en hoogbegaafdheid bij volwassenen is complex en interessant. De persoonlijkheidstrekken hebben gevolgen voor de hoogbegaafdheid én de hoogbegaafdheid kleurt en beïnvloedt de ontwikkeling van de persoonlijkheid. De hoogbegaafde persoon komt eerder in een uitzonderingspositie terecht, die zijn zelfbeeld en beeld van de ander vaker negatief beïnvloeden, en er is meer kans op een afwijkende of *eenzijdige ontwikkeling*, op interactieproblemen en op creatieve stagnatie. Daarnaast gaat hoogbegaafdheid meestal (in ruim 80 % van de gevallen) gepaard met de persoonlijkheidstrek hoogsensitiviteit, met een (te) intensieve belevingswereld en met een overmatige prikkelgevoeligheid (*overexcitability* (OE)).

2.2 · Algemene diagnostische zoekstrategie bij symptomen

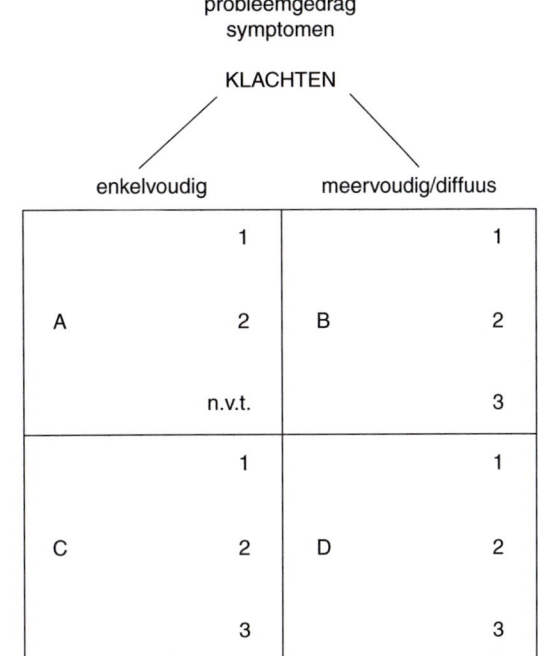

1: geen persoonlijkheidsstoornis
2: persoonlijkheidstrekken
3: persoonlijkheidsstoornis(sen)

Figuur 2.1 Algemeen diagnostisch zoekschema

In de *screening* van hoogbegaafdheid stellen we vast of zes of meer van de tien algemene persoonlijkheidskenmerken (zie ▶ par. 2.1) aanwezig zijn. Zo nodig worden het IQ, de hoogsensitiviteit et cetera getest.

Aanvullend doen we onderzoek naar de specifieke persoonlijkheidstrekken en het temperament van de cliënt. Er is dus bij hoogbegaafdheid een *tweezijdig* persoonlijkheidsonderzoek nodig, zowel algemeen als specifiek. We gebruiken daarvoor meerdere theorieën, uitgangspunten en instrumenten:

- DSM-5 en persoonlijkheidsstoornissen voor het vaststellen van de geestelijke gezondheid en de pathologische trekken;
- het vijffactorenmodel voor de algemene persoonlijkheidstrekken;
- Becks cognitieve model voor het bepalen van het zelfbeeld en beeld van de ander;
- Youngs schemagerichte model voor de schema's;
- interactiediagnose voor de hechting en de interactieposities bij hoogbegaafdheid;
- Cloningers temperamentmodel;
- hoogbegaafdheid gaat meestal samen met hoogsensitiviteit (Aron 2002; Van Hoof 2016);
- specifieke meetinstrumenten en psychologische tests.

We integreren al deze gezichtspunten in een holistische theorie of casusconceptualisatie, waarin ook de ontwikkeling of leergeschiedenis is opgenomen (zie ▶ par. 3.2)

2.3 Misdiagnose en functieanalytische diagnostiek bij symptoomstoornissen

DSM-5 (APA 2014) is een gids met criteria om alle psychische stoornissen te classificeren. Zie voor de volledige definities de Nederlandse vertaling van de DSM-5 (APA 2014). Ik bespreek hier enkele vaak voorkomende symptoomstoornissen bij hoogbegaafde volwassenen in de geestelijke gezondheidszorg.

We kijken naar symptoomgedrag en de functie daarvan. Bij angst, depressie en burn-out volgt een voorbeeld van een functieanalyse van het symptoomgedrag.

- **Angststoornissen**

Angststoornissen worden gekenmerkt door angstige vermijding als symptoomgedrag. De functie van het vermijdingsgedrag is vermindering van angst. In fig. 2.2 staat een voorbeeld van een functieanalyse van een sociale fobie.

- **Depressieve-stemmingsstoornissen**

Depressieve-stemmingsstoornissen worden gekenmerkt door depressief terugtrekgedrag. De functie is vermindering van depressie en afname van falen en stress. In fig. 2.3 staat een voorbeeld van een functieanalyse van een depressieve stoornis.

Verdere symptoomgedragingen zijn:

- **AD(H)D**

AD(H)D begint voor het zevende jaar en wordt gekenmerkt door hoge afleidbaarheid met of zonder hyperactiviteit. AD(H)D wordt vaak verward met hoogbegaafdheid (Webb et al. 2012), wat vaak tot een misdiagnose leidt.

- **Autismespectrumstoornissen**

Autismespectrumstoornissen (ASS) beginnen in de babytijd of vroege jeugd; er zijn onder andere levenslange ernstige problemen (soms gemaskeerde tekortkomingen) in sociale situaties. Bij hoge intelligentie worden de eerste problemen vaak pas zichtbaar op de middelbare school. Zeker bij vrouwen is dit vaak het geval (vanwege sociale aanpassing en perfectionisme). Ook kan autisme samengaan met bijzondere talenten (Spek 2019) en met hoogbegaafdheid (Webb et al. 2012).

- **Burn-out**

Burn-out wordt beschouwd als een werkgerelateerde stoornis met emotionele uitputting, afwezigheid en het gevoel veel minder te kunnen (Hoogendijk en De Rek 2017). Werkstress gaat via overspanning over in burn-out. Burn-out staat niet in de DSM-5, maar gaat vaak samen met angst en depressie of een dwangmatige-persoonlijkheidsstoornis. Voor de functieanalyse van burn-out zie fig. 2.4. Ook hoogbegaafdheid met hoogsensitiviteit verhoogt de kans op een burn-out (Van Hoof 2016).

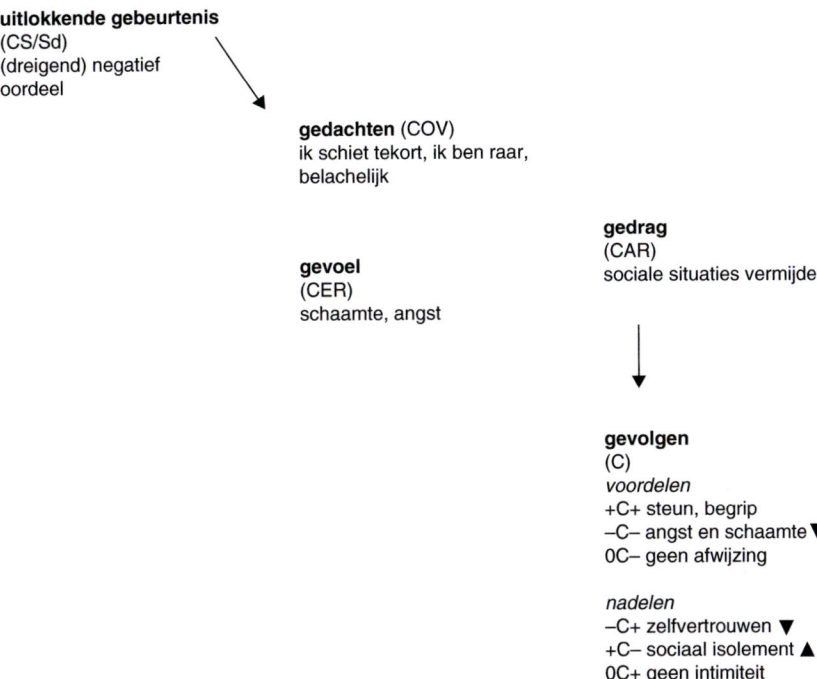

■ Figuur 2.2   Functieanalyse van een sociale fobie

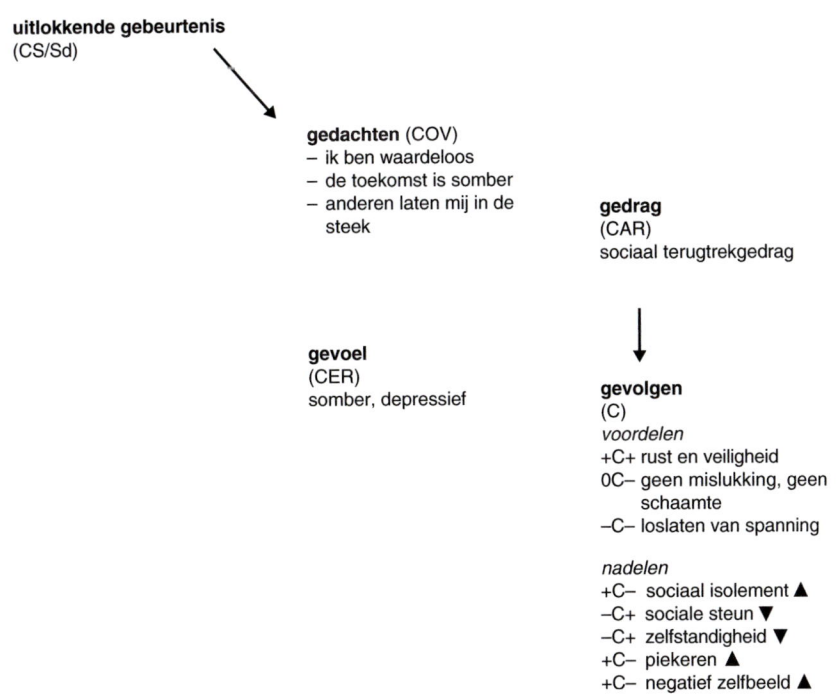

■ Figuur 2.3   Functieanalyse van een depressieve stoornis

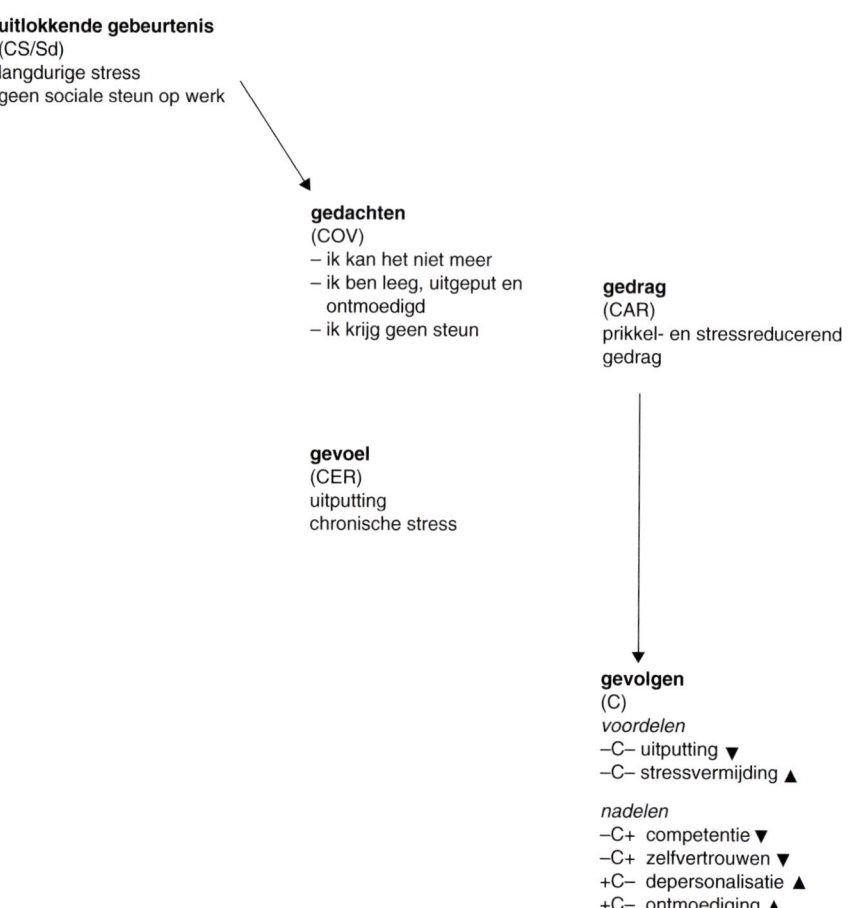

☐ Figuur 2.4   Functieanalyse van burn-out

Hoogbegaafdheid is geen symptoomstoornis of persoonlijkheidsstoornis, maar kan daar wel mee samengaan (dubbeldiagnose) en heeft de volgende functieanalyse, zie ☐ fig. 2.5 en zie ook ▶ par. 3.3.

Overlap van functieanalyses van symptoomgedrag en/of kerngedrag leidt eerder tot een misdiagnose. Webb et al. (2012) geven in hun uiterst praktische boek *Misdiagnose van hoogbegaafden* een klinische gids voor de hele DSM-IV met overeenkomstige of tegenstrijdige kenmerken om tot een goede differentiaaldiagnose van hoogbegaafdheid of symptoomstoornis te komen.

2.3 · Misdiagnose en functieanalytische diagnostiek bij symptoomstoornissen

uitlokkende gebeurtenis
(CS/Sd)

denkproces
snel, complex, hoogassociatief/ divergerend en autonoom

complexe en boeiende situatie
(boeiend of nieuwsgierig makend)

gedachten
(COV)
- ik ben autonoom, sneldenkend en creatief
- ik ben anders dan anderen
- ik ben nieuwsgierig en heb vele en intense interesses
- ik ben verantwoordelijk
- ik moet competent zijn
- alles moet perfect en rechtvaardig verlopen
- ik wil dingen (de wereld) verbeteren
- ik wil eerlijk en rechtvaardig zijn (of ben gedesillusioneerd)
- ik ben slimmer maar mis vaardigheden op sociaal, sportief of kunstzinnig gebied
- voor mij gelden andere regels
- anderen zijn anders, slimmer of minder slim, jaloers of bewonderend, meer sociaal of sportief
- gewoon zijn en gewoon meedoen is voor mij niet bereikbaar
- ik ben een uitzondering en hoor er niet bij
- anderen sluiten mij buiten
- anderen mogen mij niet
- anderen vinden mij raar

gevoelsproces
intens, meestal sterk prikkelgevoelig en hoogsensitief

gevoel
(CER)
gedreven, intense opwinding, stress, faalangst

gedrag
(CAR)
snel en creatief oplossingen scheppen

gevolgen
(C)
voordelen
+C+ trots, zelfwaardering
+C+ waardering, acceptatie, bewondering van de omgeving
+C+ bevrediging, flow, kick
+C+ schepping
−C− saaiheid neemt af

nadelen
+C− er minder bij horen
+C− anderen haken af
+C− negatieve reacties vanuit de omgeving, onzekerheid, jaloezie, ergernis
0C+ geen tegenspel
+C− sociaal isolement
+C− onbegrip
+C− haast, ongeduld
+C− stress, moe
+C− frustratie, onvrede

Figuur 2.5 Functieanalyse (algemeen) van hoogbegaafdheid

Met de volgende criteria is symptoomgedrag goed te onderscheiden van kerngedrag bij hoogbegaafdheid en van kerngedrag bij persoonlijkheidsstoornissen.

Symptoomstoornis	
Wisselend frequent symptoomgedrag	vaak
Transtemporeel	nee
Uitzondering: Transtemporeel te zien voor zevende jaar bij ADHD	ja
Uitzondering: Transtemporeel zich uitend vanaf de vroege jeugd bij ASS	ja
Transsituationeel	nee
Symptoomgedrag past in de functieanalyse van specifieke symptoomstoornis	ja

Hoogbegaafdheid	
Hoogfrequent kerngedrag van creatief en snel oplossingen scheppen	ja
Transtemporeel te zien vanaf de vroege jeugd	ja
Transsituationeel alleen in boeiende situaties	ja
Kerngedrag past in de functieanalyse van algemene hoogbegaafdheid	ja

Persoonlijkheidsstoornis	
Hoogfrequent kerngedrag van persoonlijkheidsstoornis	ja
Transtemporeel te zien vanaf de vroege volwassenheid	ja
Transsituationeel	ja
Kerngedrag past in de functieanalyse van een specifieke persoonlijkheidsstoornis	ja

2.4 DSM-5, persoonlijkheidstrekken en persoonlijkheidsstoornissen

2.4.1 Millon en diagnostiek van persoonlijkheid of persoonlijkheidsstoornis

Millon *definieert* persoonlijkheid als een patroon van diep ingesleten en breed gemanifesteerde cognitieve, affectieve en openlijke (*overt*) gedragstrekken die over langere tijd blijven bestaan (Millon en Everly 1985). Persoonlijkheid ontwikkelt zich op basis van een ingewikkeld samenspel van biologische disposities (ook wel temperament genoemd) en leerervaringen (sociaal leren). Leren door ervaring gebeurt in de context van de manier waarop het individu omgaat met de eisen van de omgeving en de relatie die de persoon heeft met zichzelf. Millon is de schepper van het persoonlijkheidsmodel van de DSM.

2.4 · DSM-5, persoonlijkheidstrekken en persoonlijkheidsstoornissen

Mensen houden van verschillende vormen van bekrachtiging: aandacht of juist afzondering, macht of geruststelling, bewondering of waardering voor een prestatie. Millon keek niet zozeer naar de inhoud van de bekrachtiging, maar naar *hoe* mensen bekrachtigingen verwerven en *waar* ze bekrachtigingen vinden. Bekrachtiging kan volgens hem op twee manieren (*hoe*) door het individu worden nagestreefd, te weten actief en passief (Millon en Everly 1985). Deze twee gedragspatronen worden ook wel instrumenteel genoemd. Een actief of proactief gedragspatroon wil zeggen dat het individu op energieke wijze streeft naar actieve controle over zijn omgeving en doelgericht, vooruitziend, waakzaam, ambitieus en volhardend is. Een persoon met een passieve of reactieve stijl is afwachtend tot de omgeving hem bekrachtiging geeft; de energie is veel geringer dan bij de energieke en actieve stijl. Verder zijn er vier te onderscheiden bronnen, *waar* bekrachtiging gezocht en gevonden kan worden, te weten:

- bij zichzelf (onafhankelijk);
- bij de ander (afhankelijk);
- bij zichzelf en bij de ander (ambivalent);
- noch bij zichzelf noch bij de ander (onthecht).

Millon is voorstander van 'syndroomcontinuïteit', de gedachte dat er geen kwalitatief, maar wel een kwantitatief verschil bestaat tussen de normale en de gestoorde persoonlijkheid. Zo kan de persoonlijkheidstrek 'vlot en gezellig' zich extreem ontwikkelen tot een histrionische-persoonlijkheidsstoornis. Meegaandheid kan uitgroeien tot een afhankelijke-persoonlijkheidsstoornis, waarbij het kerngedrag aanpassing is geworden. De vermijdende-persoonlijkheidsstoornis is een extreme variant van gewone geremdheid. Met andere woorden: als de normale persoonlijkheid zich scheef en extreem ontwikkelt, evolueert deze geleidelijk en zonder duidelijk een grens over te gaan tot een persoonlijkheidsstoornis.

Ook de manieren waarop mensen reageren, kunnen als een continuüm opgevat worden: een meegaand iemand (normaal) kan zich in sommige situaties afhankelijk gedragen. We spreken dan van afhankelijke trekken. Wanneer de persoon steeds, in alle situaties (transsituationeel), afhankelijk reageert, gaan de afhankelijke trekken over in een afhankelijke-persoonlijkheidsstoornis. In vroegere situaties trad hetzelfde gedrag op als in huidige situaties (transtemporeel). Iemand kan zich bijvoorbeeld in zijn werk wel zelfstandig opstellen, maar in sociale relaties en de partnerrelatie afhankelijk. Iemand heeft dan afhankelijke trekken. Bij een afhankelijke-persoonlijkheidsstoornis is er dus sprake van de *opvallendste indruk* in heden en verleden en in allerlei verschillende situaties.

Hetzelfde gedrag van een persoon kan steeds eenzijdiger en ernstiger worden en in enkele, meerdere of zelfs bijna alle situaties optreden. Dat vormt een continuüm lopend van situatiespecifiek naar transsituationeel. De diagnosticus moet elke situatie wegen op de mate van *specificiteit* (een moment) of *algemeenheid* in vele situaties (transsituationeel) en door de tijd heen (transtemporeel). Tussen deze twee uitersten zitten vele gradaties.

Als voorbeeld bespreken we een cliënt die op het ggz-spreekuur verdacht wordt van een narcistische-persoonlijkheidsstoornis. Hoewel hij zich tijdens het spreekuur narcistisch gedraagt door zichzelf te verheffen en de intaker te devalueren, is het de vraag hoe algemeen of specifiek dit gedrag is. Is het slechts een narcistisch moment, dat zich alleen tijdens het spreekuur en soms daarbuiten in het 'echte' leven voordoet? Doet het narcistische gedrag zich voor in een significante relatie (een schemareactie) en treedt het regelmatig op bij autoriteitsfiguren en vroeger en nu bij de eigen ouders? Of is het een narcistische stressreactie, die alleen optreedt in tijden van stress en als er een symptoomstoornis is, zoals bijvoorbeeld een angststoornis of een depressieve of bipolaire stemmingsstoornis (ook wel 'state' genoemd, dus niet transtemporeel). Of is er sprake van enkele, klinisch significante narcistische trekken, maar minder dan de vijf die nodig zijn voor de classificatie van een narcistische-persoonlijkheidsstoornis? Of zijn er meer dan vijf trekken en is er wel sprake van een narcistische-persoonlijkheidsstoornis? Al deze vragen zijn samengevat in het kader 'Toepassing van syndroomcontinuïteit'.

Toepassing van syndroomcontinuïteit
- narcistische momenten
- narcistisch gedrag in een significante relatie (schemareactie)
- narcistische stressreactie bij angst, agressie of depressie (state)
- narcistische trekken < 5 criteria (> 60 % = 3 of 4) (trait)
- narcistische-persoonlijkheidsstoornis ≥ 5 criteria

De clinicus weegt bij de cliënt de mate waarin diens reacties in situaties binnen en buiten de therapie frequent, transsituationeel en transtemporeel zijn. Dit is de korte *werkdefinitie van een persoonlijkheidsstoornis*: hoogfrequent (en kenmerkend) kerngedrag, transsituationeel en transtemporeel.

2.4.2 Het categorale DSM-5-model en classificatie van twaalf groepen persoonlijkheidstrekken

DSM-5 (APA 2014) is op te vatten als het grote 'afsprakenboek' op het gebied van psychopathologie, waarin deze in observeerbare termen beschreven is. Voor iedere persoonlijkheidsstoornis zijn specifieke criteria geformuleerd, waarbij aan een minimumaantal voldaan moet zijn om bij een cliënt van de betreffende persoonlijkheidsstoornis te mogen spreken. Als voorbeeld staat in ◘ tab. 2.2 de vermijdende-persoonlijkheidsstoornis. Zie voor de definities van alle persoonlijkheidsstoornissen de Nederlandse vertaling van de DSM-5 (APA 2014).

Er zijn drie groepen of clusters persoonlijkheidsstoornissen, te weten het A-, het B- en het C-cluster, die elk een gemeenschappelijke indruk maken. Elke specifieke persoonlijkheidsstoornis heeft ook weer haar eigen opvallendste indruk. De onderzoeker begint met de fase van hypothesevorming op grond van de opvallendste indruk die de cliënt wekt. De cliënt valt op doordat hij steeds volgens hetzelfde patroon reageert. Manier van reageren is een breder concept dan observeerbaar gedrag; ook kenmerkende emoties en gedachten zijn belangrijk voor de opvallendste indruk. Dit patroon doet de diagnosticus

> **Tabel 2.2** DSM-5-criteria voor de vermijdende-persoonlijkheidsstoornis. Bron: APA (2014)
>
> Een pervasief patroon van sociale geremdheid, gevoelens van insufficiëntie en hypersensitiviteit voor een negatieve beoordeling. Dit patroon begint in de vroege volwassenheid en doet zich voor in uiteenlopende situaties, zoals onder andere blijkt uit twee van de volgende criteria:
>
> 1. Vermijdt beroepsmatige activiteiten die significante interpersoonlijke contacten met zich meebrengen, vanwege vrees voor kritiek, afkeuring of afwijzing.
> 2. Is onwillig om betrokken te raken met mensen, behalve als hij of zij er zeker van is aardig te worden gevonden.
>
> Voor alle kenmerken zie de Nederlandse vertaling van de DSM-5 (APA 2014).

denken aan een specifieke persoonlijkheidsstoornis. Natuurlijk is dit slechts een eerste hypothese, die later met allerlei andere middelen getoetst moet worden.

In ● tab. 2.3 is per persoonlijkheidsstoornis de opvallendste indruk weergegeven.

De opvallendste indruk van een persoonlijkheidsstoornis in ● tab. 2.3 is ontleend aan het handboek DSM-5 (APA 2014).

De in de screening gediagnosticeerde algemene hoogbegaafdheid (zie ▶ par. 2.1) wordt aangevuld met de classificatie van specifieke persoonlijkheidstrekken (zie de twaalf trekken in ● tab. 2.3) of een persoonlijkheidsstoornis.

Volgens Millon (zie ▶ par. 2.4.1) en Beck (zie ▶ par. 2.6) bestaat er continuïteit en geen harde grens tussen persoonlijkheidstrek en persoonlijkheidsstoornis, waarbij de stoornis gekenmerkt wordt door eenzijdigheid. Een histrionische-persoonlijkheidsstoornis is volgens Millon een overmatig gezellige (gewone persoonlijkheidstrek) persoonlijkheid die eenzijdig is doorgeschoten. Bijna alle mensen, en dus ook hoogbegaafden, hebben enige trekken uit deze twaalf groepen; sommigen hebben er meer en vertonen eenzijdig hoogfrequent kerngedrag en hebben dan naast hoogbegaafdheid ook een persoonlijkheidsstoornis. Daarnaast is het van belang om aanvullend de 'algemene' persoonlijkheidstrekken van het vijffactorenmodel (zie ▶ par. 2.5.2) te diagnosticeren. Het is praktisch om te starten met een klinische typologie op basis van de twaalf groepen van trekken. Dit leidt tot een snelle typologie: de hoogbegaafde met dwangmatige trekken noemen we de 'dwangmatige hoogbegaafde', de hoogbegaafde met narcistische trekken de 'narcistische hoogbegaafde' et cetera.

Deze typering berust op de opvallendste indruk (zie ● tab. 2.3) en het kerngedrag (zie ● tab. 2.8). We spreken *alleen* van een persoonlijkheidsstoornis als deze goed is onderbouwd (zie ▶ par. 2.4). De cliënt heeft recht op deze zorgvuldigheid in de diagnostiek. 'Bij twijfel niet inhalen', en dan alleen trekken, geen persoonlijkheidsstoornis benoemen.

2.4.3 De verhouding tussen classificatie in categorieën en dimensionele diagnostiek

Bij classificatie gaat het om het toewijzen van een individuele cliënt aan een *algemene categorie*, bijvoorbeeld een vermijdende-persoonlijkheidsstoornis. Als de cliënt voldoet aan vier criteria 'heeft' hij een vermijdende-persoonlijkheidsstoornis; bij drie criteria heeft hij die niet, maar heeft hij wel vermijdende trekken.

Tabel 2.3 Persoonlijkheidsstoornissen en hun opvallendste indruk (APA 2014)

Cluster-A-persoonlijkheidsstoornissen: de persoonlijkheden die een vreemde en excentrieke indruk maken

opvallendste indruk	denk aan
achterdochtig	paranoïde-persoonlijkheidsstoornis
sociaal onverschillig	schizoïde-persoonlijkheidsstoornis
eigenaardig	schizotypische-persoonlijkheidsstoornis

Cluster-B-persoonlijkheidsstoornissen: de persoonlijkheden die een dramatische en een emotionele indruk maken

opvallendste indruk	denk aan
antisociaal	antisociale-persoonlijkheidsstoornis
instabiel (in relaties, zelfbeeld en stemming) en impulsief	borderline-persoonlijkheidsstoornis
aandacht zoekend en buitensporig emotioneel	histrionische-persoonlijkheidsstoornis
grandioos en superieur	narcistische-persoonlijkheidsstoornis

Cluster-C-persoonlijkheidsstoornissen: de persoonlijkheden die een zorgelijke en vreesachtige indruk maken

opvallendste indruk	denk aan
verlegen	vermijdende-persoonlijkheidsstoornis
afhankelijk	afhankelijke-persoonlijkheidsstoornis
perfectionistisch	dwangmatige-persoonlijkheidsstoornis

Cluster-AG (andere gespecificeerde persoonlijkheidsstoornissen) zijn naast mengbeelden andere persoonlijkheidsstoornissen

opvallendste indruk	denk aan
passief verzet tegen eisen	passief-agressieve-persoonlijkheidsstoornis
pessimistisch	depressieve-persoonlijkheidsstoornis
gemengde indruk	andere gespecificeerde persoonlijkheidsstoornis

De opvallendste indruk van een persoonlijkheidsstoornis in het kader is ontleend aan het Nederlandstalige handboek voor DSM-5 (APA 2014).

Dimensionele diagnostiek beoogt een *beschrijving* te geven van een *individueel patroon en sterkte* van zowel het niveau van het persoonlijkheidsdisfunctioneren als van pathologische persoonlijkheidstrekken. Een voorbeeld is de narcistische-persoonlijkheidsstoornis, waarbij iemand een matige beperking heeft wat betreft zelfbeeld en zelfsturing, en ernstige beperkingen wat betreft empathie en intimiteit. Dit zijn de vier gebieden waarop tekortkomingen in het persoonlijkheidsfunctioneren tot uiting komen en die in ▶ par. 2.4.5 verder worden behandeld. Als patroon van pathologische persoonlijkheidstrekken heeft de narcistische-persoonlijkheidsstoornis de trekken grandiositeit en aandacht zoeken. Op de test voor pathologische trekken de PID-5 kan de score zeer hoog, hoog (boven 1,5), gemiddeld of laag zijn. De PID-5

2.4 · DSM-5, persoonlijkheidstrekken en persoonlijkheidsstoornissen

(Krueger et al. 2012) is ontworpen als test voor de 25 pathologische trekken. Er is een korte versie van 25 items om de vijf domeinen snel te kunnen taxeren. Verder bestaat er een uitvoerige versie van 220 items voor zelfbeoordeling en van 218 items voor een anderoordeel door een informant. Het gebruik is vrij voor clinici en onderzoekers.

2.4.4 Het innovatieve dimensionele DSM-5-model en persoonlijkheidsdiagnostiek

Na de verplichte classificatie biedt het dimensionele model van de DSM-5 verrijkende en innovatieve mogelijkheden voor de diagnostiek.

Volgens het dimensionele model van de DSM-5 (APA, deel III, 2014) is er bij een persoonlijkheidsstoornis zowel sprake van tenminste matige beperkingen in persoonlijkheidsfunctioneren op twee (of meer) van vier gebieden (identiteit, zelfsturing, empathie en intimiteit) als van ten minste één pathologische persoonlijkheidstrek.

Zowel de beperkingen in persoonlijkheidsfunctioneren als de pathologische trekken zijn: star, transsituationeel en transtemporeel.

Zie voor de volledige criteria de Nederlandse vertaling van de DSM-5 (APA 2014).

Er worden in DSM-5 twee groepen persoonlijkheidsstoornissen onderscheiden, die aan deze algemene criteria moeten voldoen: de prototypische en de trekgespecificeerde (zie kaders).

> De zes 'opvallende', prototypische persoonlijkheidsstoornissen
> — schizotypische
> — antisociale
> — borderline
> — narcistische
> — vermijdende
> — dwangmatige

De prototypische groep heeft bij de specifieke persoonlijkheidsstoornis *kenmerkende* patronen van *zowel* beperkingen in het persoonlijkheidsfunctioneren *als* van pathologische trekken. Zie voor alle definities de Nederlandse vertaling van de DSM-5 (APA 2014).

> Trekgespecificeerde persoonlijkheidsstoornissen
> — paranoïde
> — schizoïde
> — histrionische
> — afhankelijke
> — passief-agressieve
> — depressieve
> — geïndividualiseerde mengbeelden

De trekgespecificeerde persoonlijkheidsstoornissen zijn meer individueel bepaald. Zij hebben op de dimensies van *zowel* beperkingen in het persoonlijkheidsfunctioneren *als* van pathologische trekken een individueel patroon.

2.4.5 Mate van ernst van persoonlijkheidsdisfunctioneren: de 'geestelijkegezondheidsmeetlat'

De clinicus taxeert vier gebieden van de cliënt. Deze gebieden zijn: 1. Identiteit en 2. Zelfsturing (stoornissen van het zelf); en 3. Empathie en 4. Intimiteit (stoornissen van het interpersoonlijk functioneren). In het kader volgen enkele voorbeelden.

Elementen van het persoonlijkheidsfunctioneren (APA 2014)
1. Identiteit, waaronder een stabiel gevoel van eigenwaarde met gepast zelfbeeld.
2. Zelfsturing, waaronder het nastreven van samenhangende en betekenisvolle doelen op korte en langere termijn.
3. Empathie, waaronder begrip en waardering voor andermans ervaringen en motieven.
4. Intimiteit, waaronder diepe en duurzame positieve verbondenheid met anderen.

Zie voor de definities met alle elementen de Nederlandse vertaling van de DSM-5 (APA 2014).

Klinisch oordeel

In de DSM-5 wordt begonnen met het klinisch beoordelen van het algemene criterium A, het disfunctioneren van de persoonlijkheid. Een eerste globale klinische beoordeling berust mede op het huidige functioneren en de leergeschiedenis van de cliënt.

De clinicus geeft de cliënt globaal taxerend een plus, een min of een gemiddelde score op vier gebieden. Deze vier gebieden zijn: (1) Identiteit, (2) Zelfsturing, (3) Empathie en (4) Intimiteit. We passen dit nu toe op een casus.

Casus John van Laer

John van Laer is een knappe 35-jarige man met een eigen bedrijf als belasting- en verzekeringsadviseur. Hij heeft een academische achtergrond en is intelligent, al maakt hij een vermijdende en afhankelijke eerste indruk. Hij komt in behandeling bij een ervaren therapeut voor recidiverende depressie. Ook heeft hij last van paniekaanvallen en burn-out. Hij is eerder in behandeling geweest bij een psychiater, waarmee hij wel iets verder gekomen is. Hij is afkomstig uit een klein dorp, waar mensen heel close met elkaar omgaan. Hier verlangt hij regelmatig naar terug. Iedereen kent elkaar, en begrijpt elkaar of roddelt over elkaar. Hij heeft twee zussen, die hem als jongste broer bemoederd hebben. In zijn gezin was veel stress door relatieproblemen van de ouders. Ook ging zijn vader bijna failliet en raakte toen in

2.4 · DSM-5, persoonlijkheidstrekken en persoonlijkheidsstoornissen

een depressie met burn-out. Hij voelt zich meer verwant aan moeders familie, en met vader heeft hij een afstandelijke relatie. Later in de therapie heeft hij twijfels over zijn afstamming. Hij durft dit niet te bespreken met moeder en zussen. Ook in de therapie gaat hij hier vermijdend mee om. Zijn identiteit is niet stevig of helder, en zijn zelfbeeld is zeer negatief. De eerste depressie ontstond toen zijn dominante vrouw, een psychologe, vreemdging met een huisvriend en ervandoor ging. Hij had moeite om zijn vaderrol tegenover zijn twee jonge kinderen verder vorm te geven en hechtte zich snel aan een nieuwe vriendin, een vrouw met wie hij samenwerkte. Samen vormden zij een samengesteld gezin met vijf kinderen, waarbij hij het moeilijk vond om assertief te zijn en zijn eigen wensen te uiten. De laatste jaren had hij regelmatig last van paniekaanvallen, terugkerende depressie en burn-out op zijn werk.

Op de *geestelijkegezondheidsmeetlat* was de schatting dat hij matig beperkt was in zijn identiteit, hij voelde zich niet een duidelijk persoon, en dat zijn gevoel van eigenwaarde onterecht sterk negatief was. Hij had gestudeerd en met enig succes een eigen bedrijf opgebouwd, maar had moeite om assertief te zijn en grenzen aan te geven. Naast vermijding van negatieve gevoelens en conflicten in werkrelaties was het vanwege afhankelijke trekken voor hem moeilijk adequaat zijn bureau te leiden. Criminelen maakten in belastingzaken misbruik van zijn vriendelijke meegaandheid. Als hoogbegaafde kon hij goed autonoom denken, maar niet autonoom handelen. Hij dacht snel op vele niveaus tegelijk, wat zijn medewerkers vaak niet konden volgen. Dan deed hij de taken maar snel zelf. De stress en uitputting van al deze factoren leidden tot burn-out en depressie.

Behalve symptomen van angst en depressie voelde hij niet snel woede en was hij affectief vlak, en daarmee matig beperkt in het onderscheiden van een breed spectrum van emoties en deze adequaat voelen en uiten. Sprekend over zijn korte- en langetermijndoelen in het leven bleken deze ernstig beperkt te zijn; hij had ze niet en kon deze in de therapie ook niet noemen. Dit versterkte zijn depressie en zijn passieve, afhankelijke en vermijdende manier van omgaan met anderen. Matige beperkingen bij normen en waarden waren er omdat hij zich snel aanpaste aan veeleisende, soms criminele, klanten. Zelfreflectie was ook matig beperkt, omdat hij vooral extern leefde en niet kritisch, gemakkelijk en effectief over zichzelf nadacht. De empathie daarentegen was goed: hij kwam vriendelijk over, en mensen mochten hem graag, al maakten ze soms als klant ook misbruik van zijn zachtaardigheid. Hij had veel begrip en waardering voor de ander en diens ervaringen, en kon verdragen dat anderen anders dachten en andere standpunten hadden. Hij begreep wel welke uitwerking zijn gedrag op anderen had. De empathie was dus een sterk punt. Intimiteit daarentegen was matig beperkt. Hij had moeite om diepe en duurzame vriendschapsrelaties en een partnerrelatie op te bouwen. Hij had wel de wens maar een beperkt vermogen tot intimiteit, en zijn gedrag was conflictmijdend en aanpassingsgericht en daardoor onvoldoende wederkerig in intieme relaties. Wel kwam hij heel respectvol over.

De globale taxatie van persoonlijkheidsfunctioneren voor een vermijdende-persoonlijkheidsstoornis in de casus John van Laer staat in tab. 2.4. In tab. 2.5 worden de klinische beoordelingen van John van Laer op de geestelijkegezondheidsmeetlat weergegeven.

Tabel 2.4	Elementen van het persoonlijkheidsfunctioneren (APA 2014)	
Identiteit, waaronder een stabiel gevoel van eigenwaarde met gepast zelfbeeld		3
Zelfsturing, waaronder het nastreven van samenhangende en betekenisvolle doelen op korte en langere termijn		3
Empathie, waaronder begrip en waardering voor andermans ervaringen en motieven.		1
Intimiteit, waaronder diepe en duurzame positieve verbondenheid met anderen		2

Tabel 2.5 Elementen van het persoonlijkheidsfunctioneren bij een voorbeeld van vermijdende persoonlijkheidstrekken (APA 2014)		
1.	Identiteit	3
2.	Zelfsturing	3
3.	Empathie	1
4.	Intimiteit	2

Als de scores op drie of vier gebieden van het persoonlijkheidsfunctioneren positief beoordeeld worden, is de kans op een persoonlijkheidsstoornis klein en dienen we te spreken van bijvoorbeeld vermijdende trekken. Die zijn in de therapie van belang, maar niet voldoende onaangepast of maladaptief om van een persoonlijkheidsstoornis te kunnen spreken. Bij twee of meer negatieve scores op de vier gebieden is de kans op een persoonlijkheidsstoornis groot. In deze casus is alleen Empathie gemiddeld en zijn de andere drie gebieden negatief ingeschat. We gaan dan in ons klinisch oordeel verder met de volgende stap: hoe sterk zijn de beperkingen in het persoonlijkheidsfunctioneren op de onderliggende drie aspecten van de vier gebieden? De clinicus gebruikt een vijfpuntsschaal voor de ernst van beperkingen op elk van de vier gebieden van 0 (geen), 1 (licht), 2 (matig), 3 (ernstig) tot en met 4 (extreem) (tab. 2.5).

Samengevat komt de clinicus bij deze hoogbegaafde met een vermijdende-persoonlijkheidsstoornis tot het volgende klinische oordeel: een score van 3-3-1-2 voor geestelijke gezondheid. Er is dan ter toetsing nog geen test of gestructureerd interview zoals de STiP-5.1 (Hutsebaut et al. 2015) afgenomen. Deze kunnen aanvullend worden ingezet bij diagnostische twijfel of twijfels over specifieke elementen.

Zelfoordeel met tests gericht op identiteit, zelfsturing, empathie en intimiteit

De cliënt kan gescreend worden door afname van de Rosenberg Self Esteem Scale (RSES) voor het zelfbeeld en de Empathie-Quotiënt (EQ, Baron-Cohen 2012) voor de empathie. De Relationship Quetionnaire (RQ, Bartholmew en Horowitz 1991) is te gebruiken bij het onderzoeken van vier hechtingsstijlen. Zo nodig kan een *anderoordeel* worden gevraagd van een niet-belanghebbende ander met voldoende observatiemogelijkheden en een goede emotionele intelligentie.

2.4 · DSM-5, persoonlijkheidstrekken en persoonlijkheidsstoornissen

A	CHECKLIST DSM-5 DIMENSIONEEL MODEL					
	Beperkingen in persoonlijkheidsfunctioneren? Is er sprake van een persoonlijkheidsstoornis?					
		Geen ←----------------------------------→ Zeer ernstige beperkingen				
		geen	lichte	matige	ernstige	extreme
	ZELF					
1	identiteit	0	1	2y	3x	4
2	zelfsturing	0	1y	2	3x	4
	INTERPERSOONLIJK					
3	empathie	0	1xy	2	3	4
4	intimiteit	0	1y	2x	3	4
	≥ 2 van de 4	Score ≥ 2				
	Conclusie: matige (of meer) beperkingen op 2 of meer van de 4 gebieden, dan diagnose van persoonlijkheidsstoornis ☐					

◘ **Figuur 2.6** Checklist DSM-5-beperkingen in het persoonlijkheidsfunctioneren bij cliënt x met een vermijdende-persoonlijkheidsstoornis en cliënt y met vermijdende trekken en een negatief zelfbeeld

Een korte zelfoordeelversie van twaalf items, de LPFS-BF 2.0 (Hutsebaut et al. 2016), geeft een score voor identiteit, zelfsturing, empathie en intimiteit.

Gestructureerd interview gericht op identiteit, zelfsturing, empathie en intimiteit

De clinicus gebruikt STiP-5.1 (Hutsebaut et al. 2015), met daarin een vijfpuntsschaal van ernst van beperkingen op elk van de vier gebieden van 0 (geen), 1 (licht), 2 (matig), 3 (ernstig) tot en met 4 (extreem).

In ◘ fig. 2.6 worden de individuele patronen van beperkingen in het persoonlijkheidsfunctioneren bij cliënt x met een vermijdende-persoonlijkheidsstoornis en cliënt y met alleen vermijdende trekken en een negatief zelfbeeld getoond. Het verschil in zwaarte van een casus tussen het patroon van cliënt x en cliënt y is significant wat betreft de ernst van het disfunctioneren (scores van respectievelijk 3-3-1-2 en 2-1-1-1 op de vier gebieden).

2.4.6 Vijf domeinen en 25 pathologische persoonlijkheidstrekken

Criterium B bepaalt welke *specifieke* persoonlijkheidsstoornis aanwezig is, onder de voorwaarde dat er voldaan is aan criterium A en aan de overige algemene criteria (B tot en met G). Er dient minimaal één pathologische trek te worden vastgesteld uit een 'verzameling' van 25. Deze 25 pathologische trekken zijn gegroepeerd in vijf brede domeinen van hogere orde, te weten:
I. Negatieve affectiviteit
II. Afstandelijkheid

III. Antagonisme
IV. Ongeremdheid
V. Psychoticisme

Voor de exacte definities van deze vijf domeinen en de 25 pathologische trekken, zie de Nederlandse vertaling van de DSM-5 (APA 2014). Pathologische persoonlijkheidstrekken zijn maladaptieve varianten en extremen van algemene trekken waarmee elk individu te beschrijven is. De algemene trekken zijn onderdeel van het beproefde vijffactorenmodel (*Five Factor Model*), het model waar DSM-5 op is gebaseerd. In ▶ par. 2.5 wordt dit vijffactorenmodel uitvoeriger behandeld.

We bespreken hier het vijffactorenmodel in hoofdlijnen. De vijf factoren zijn Neuroticisme (lage emotionele stabiliteit), Extraversie, Openheid voor nieuwe ervaringen (intellectuele autonomie), Altruïsme (vriendelijkheid) en Consciëntieusheid (ordelijkheid). Zo krijgen we een vijffactorenprofiel. Elk individu en ook elke persoonlijkheid is te beschrijven met een vijffactorenprofiel (▶ par. 2.5.2).

In onderstaande kaders staat een voorbeeld van het kenmerkende patroon van pathologische trekken bij de dwangmatige- en bij de vermijdende-persoonlijkheidsstoornis.

Kenmerkend patroon van pathologische trekken bij de dwangmatige-persoonlijkheidsstoornis volgens DSM-5 (APA 2014)

Drie van de vier volgende pathologische trekken, waaronder in ieder geval rigide perfectionisme, moeten aanwezig zijn:
1. Rigide perfectionisme
2. Perseveratie
3. Vermijden van intimiteit
4. Ingeperkte affectiviteit

Zie voor de volledige definities de Nederlandse vertaling van de DSM-5 (APA 2014).

Kenmerkend patroon van pathologische trekken bij de vermijdende-persoonlijkheidsstoornis volgens DSM-5 (APA 2014)

Drie van de vier volgende pathologische trekken, waaronder in ieder geval bezorgdheid, moeten aanwezig zijn:
1. Bezorgdheid
2. Sociale terugtrekking
3. Anhedonie
4. Vermijding van intimiteit

Zie voor de volledige definities de Nederlandse vertaling van de DSM-5 (APA 2014).

2.4 · DSM-5, persoonlijkheidstrekken en persoonlijkheidsstoornissen

Casus Anne-Cees van Rhym

In therapie kwam een vijftigjarige psychiater, die veel cliënten met depressie en burn-out behandelde, vaak hoogopgeleide professionals, die vaak hoogbegaafd zijn gezien hun opleiding en hun autonome beroep. Na een uitvoerige leergeschiedenis en het maken van een holistische theorie bleek dat zijn vader door zijn afkomst geen hogere opleiding had kunnen voltooien, maar status wel heel belangrijk vond en omging met de notabelen in zijn dorp. Dit gebrek aan scholing bleek een taboe in de familie; zijn vader reageerde furieus toen zijn kleinzoon naar zijn opleiding en schooltijd vroeg. Anne-Cees zelf behaalde uitstekende resultaten met de hoogopgeleide doelgroep en werd veel gevraagd bij verwijzers. Op mijn suggestie dat hij ondanks zijn dyslexie zelf hoogbegaafd zou kunnen zijn, reageerde cliënt dat hij het idee alleen al belachelijk vond. Hij had alleen door hard werken en doorzetten het gymnasium in één keer gehaald en vond zichzelf een middelmatige leerling. Op de geestelijkegezondheidsmeetlat (zie ▶ par. 2.4.4) bleek hij een 1-1-1-1-profiel te hebben, en hij had alleen matige problemen (niveau 2) met zijn zelfbeeld, dat onterecht negatief was. Hij vond zichzelf dom en een matige psychiater. Zijn identiteit werd het geselecteerde probleem in de psychotherapie evenals faalangst die optrad bij het geven van trainingen en presentaties, terwijl hij als gewaardeerd opleider bekendstond.

- **Commentaar**

De heer Van Rhym had dus geen persoonlijkheidsstoornis, maar één score van 2 (matige beperkingen) op een onderdeel van identiteit. Dit zelfbeeldprobleem leek een gevolg van onzichtbare loyaliteit aan zijn vader, die hij niet of slechts geruisloos voorbij mocht streven. Dit maakte het hem moeilijk om 'gewoon' zonder faalangst te slagen en zichzelf realistisch en positief te waarderen. Als hij zichzelf op suggestie van de therapeut hoogbegaafd zou noemen, zou dat de kloof met zijn vader verder vergroten. De therapeut vond hoogbegaafdheid niet onwaarschijnlijk gezien zijn prestaties in zijn beroep en op het gymnasium. Ook nieuwe collega's die met hem een psychotherapiecursus volgden, waren onder de indruk en schatten hem hoog in. Ook voldeed hij aan de zeven aspecten van de definitie van hoogbegaafdheid. De psychotherapie was vooral gericht op verbetering van het negatieve zelfbeeld, en de therapeut besloot geen 'hoogbegaafdheidsbelijder' te zijn. Zijn vaders motto was 'doe maar gewoon, dan doe je gek genoeg'. Een zelfbeeld van slimheid en doorzettingsvermogen was voor cliënt acceptabeler en leidde tot een positieve ontwikkeling.

Algemeen is het van groot belang bij cliënten de beperkingen in persoonlijkheidsfunctioneren te taxeren (zie ▶ par. 2.4.5). Pas bij matige beperkingen op ten minste twee gebieden van het persoonlijkheidsfunctioneren is er sprake van een dubbeldiagnose, een persoonlijkheidsstoornis en hoogbegaafdheid. Deze dimensionele DSM*-5-diagnose correleert ook hoog met de DSM-5-classificatie van een persoonlijkheidsstoornis. Het dimensionele model geeft een genuanceerd beeld van de gezonde en de problematische kanten van iemands persoonlijkheidsfunctioneren. De therapeut kan iemand ook gezond verklaren, terwijl er in deze casus toch een onterecht negatief zelfbeeld als behandeldoel overblijft. Door de cliënt wordt goede diagnostiek wel herkend, maar hij heeft geen holistisch overzicht van zichzelf. Als hij dat aangereikt krijgt, versterkt de uitleg aan de cliënt van zijn holistische theorie of casusconceptualisatie de therapeutische relatie zeer (zie ▶ par. 3.2).

2.4.7 Hoogbegaafdheid en pathologische trekken

Bij een casus van een getraumatiseerde hoogbegaafde verpleegkundige met een score van 3-2-1-1 op de geestelijkgezondheidsmeetlat (dus een persoonlijkheidsstoornis) werden de volgende typerende pathologische trekken gevonden.
- *Negatieve affectiviteit*
  - ongerustheid
  - depressiviteit
  - ingeperkte affectiviteit
- *Afstandelijkheid*
  - sociale teruggetrokkenheid
  - vermijding van intimiteit
  - anhedonie
  - depressiviteit
  - ingeperkte affectiviteit
- *Antagonisme*
  geen
- *Ongeremdheid*
- *Rigide perfectionisme*
- *Psychoticisme*
  geen

Bovenstaand patroon van pathologische trekken voldoet aan het kenmerkende patroon van pathologische trekken van de *dwangmatige*-persoonlijkheidsstoornis en eveneens aan het kenmerkende patroon van pathologische trekken van de *vermijdende*-persoonlijkheidsstoornis volgens DSM-5 (APA 2014).

2.5 Het vijffactorenmodel en persoonlijkheidstrekken

Mensen beschrijven zichzelf en de ander in termen van kenmerkende individuele eigenschappen. Deze eigenschappen kunnen betrekking hebben op het karakter of temperament, of cognitief van aard zijn. Zo kan iemand betrouwbaar, volhardend en intelligent zijn, maar ook opportunistisch, extravert en zwak in ruimtelijk inzicht.

Het onderzoek naar de zogenoemde *Big Five* berust op de aanname dat alle individuele verschillen van enig belang in de taal worden weergegeven (Costa en McCrae 1992). Van alle miljoenen woorden in een taalgebied zijn er zo'n vijfduizend die de eigenschappen van de persoonlijkheid beschrijven en vijfhonderd die daarvoor het meest gebruikt worden. Deze vijfhonderd zijn te reduceren tot dertig facetten van eigenschappen en tot *vijf factoren*: de Big Five. Deze vijf basisfactoren worden in onafhankelijk, maar vergelijkbaar onderzoek steeds weer gevonden in tot nu toe acht verschillende talen en diverse culturen (De Raad en Doddema-Winsemius 2006).

2.5.1 De inhoud van de vijf factoren en de dertig facetten

De Big Five omvatten de volgende vijf factoren (Hoekstra et al. 1996; De Raad en Doddema-Winsemius 2006):
1. *Neuroticisme* (N): emotionele instabiliteit
2. *Extraversie* (E): een naar buiten gerichte attitude
3. *Openheid* (O): openstaan voor nieuwe ervaringen, intellectueel autonoom en creatief zijn
4. *Altruïsme* (A): op de ander gericht zijn, vriendelijk en mild
5. *Consciëntieusheid* (C): ordelijk zijn en gewetensvol taken plannen en doorzetten

Deze vijf factoren zijn elk een tweepolig continuüm, en personen kunnen daarop hoog, gemiddeld of laag scoren in vergelijking met een normgroep. De ene pool van bijvoorbeeld hoog open (O) is niet beter dan de andere pool van laag open, maar heeft wel andere consequenties. De meeste mensen scoren uiteraard niet extreem, maar gemiddeld.

Elk van de vijf basisfactoren van hogere orde kan verder worden verfijnd tot zes onderliggende facetten, die de verschillende aspecten van een domein representeren. Er zijn dus in totaal *dertig facetten*, die beschreven worden in de vijf kaders.

Neuroticisme
waaronder angst: de neiging om met manifeste angst te reageren

Extraversie
waaronder hartelijkheid: in gedrag geuite vriendelijkheid

Openheid
waaronder fantasie: het hebben van een levendige en creatieve fantasie

Altruïsme
waaronder vertrouwen: er vanzelfsprekend van uitgaan dat anderen goede bedoelingen hebben

Consciëntieusheid
waaronder doelmatigheid: doelgericht en succesvol omgaan met taken

Voor de volledige definities zie: Hoekstra et al. (1996).

Hoewel het model van de Big Five vooral de 'gezonde' persoonlijkheid beschrijft, is het verband met de extremere trekken van de persoonlijkheid en dus met de trekken van persoonlijkheidsstoornissen goed te leggen. Het vijffactorenmodel spoort ook met de idee van 'syndroomcontinuïteit', dat wil zeggen dat de 'normale' persoonlijkheid vloeiend overgaat in de extremere en eenzijdiger trekken die horen bij de persoonlijkheidsstoornis (zie Millon en Everly 1985, ▶ par. 2.4.1).

Tabel 2.6 Vijffactorenprofielen bij twaalf persoonlijkheidsstoornissen of -trekken

persoonlijkheidsstoornis/-trek	vijffactorenprofielen				
paranoïde	N+	e–		A–	
schizoïde	n+	E–			
schizotypische	N+	e–			
antisociale				A–	C–
borderline	N+			a–	c–
histrionische		E+			
narcistische				A–	
vermijdende	N+	E–			
afhankelijke	N+				c–
dwangmatige					c+
passief-agressieve[a]	N+			A–	c–
depressieve[b]	N+	E–			c–

N Neuroticisme; *E* Extraversie; *O* Openheid; *A* Altruïsme; *C* Consciëntieusheid. Deze tabel is gebaseerd op de meta-analyse van Samuel en Widiger (2008). Tabel met toestemming vertaald.. Big-Five-factoren met een positieve (+) en met een negatieve correlatie (–) hebben een significant verband met de betreffende persoonlijkheidsstoornis. Een hoofdletter betekent een gemiddelde correlatie (> 0,30), een vetgedrukte hoofdletter betekent een sterke correlatie (> 0,50) en een kleine letter betekent een minder dan gemiddelde correlatie (> 0,20). [a, b] Voor de passief-agressieve[a]-persoonlijkheidsstoornis, zie Hopwood et al. (2009) en Dyce en O'Connor (1998), en voor de depressieve[b]-persoonlijkheidsstoornis, zie Vachon et al. (2009).

De NEO-PI-3 (Hoekstra, Ormel en De Fruyt 1996) is een psychologische test die ontwikkeld is om de vijf factoren en dertig facetten (algemene trekken) te meten. In tab. 2.6 en 2.7 worden profielen van hoge en lage scores op de factorschalen en facetschalen van de NEO-PI-3 vergeleken met de verschillende persoonlijkheidsstoornissen. Tabel 2.6 geeft de vijffactorenprofielen van twaalf persoonlijkheidsstoornissen of -trekken weer.

Voor de praktijk is de aansluiting van de Big Five bij het dagelijks taalgebruik een groot voordeel in de communicatie binnen de beroepsgroep en met cliënten, die de beschrijving van hun persoonlijkheid bijna altijd goed herkennen.

- Commentaar

Vier van de vijf factoren zijn onderscheidend voor de verschillende persoonlijkheidsstoornissen. De factor Openheid is dat niet. Wel is een hoge Openheid meestal kenmerkend voor hoogbegaafdheid.

Verdere verfijning in facetten, een naam voor de dertig algemene persoonlijkheidstrekken van het vijffactorenmodel, levert tab. 2.7 op.

2.5 · Het vijffactorenmodel en persoonlijkheidstrekken

Tabel 2.7 NEO-facetprofielen bij persoonlijkheidsstoornissen

paranoïde	N+ 2,3; n+ 1,4,6	e– 1,2,6	A– 1; a– 2,3,4	
schizoïde	n+ 3,4	E– 1,2,6; e– 3,4,5	a– 1	
schizotypische	N+ 3,4; n+ 1,2,6	e– 1,2,6	A– 1	
antisociale	n+ 2,5	e+ 5	A– 2,4; a– 1,3;	C– 6; c– 1,3,5
borderline	N+ 1, 3 t/m 6; **N+ 2**	e– 1,6	a– 1,2,4	c– 1,3,5,6
histrionische		E+ 2; e+ 1,3,4,5,6		
narcistische	n+ 2		A– 2,5; a– 1,3,4;	
vermijdende	N+ 1,**3,4**,6 n+ 2	E– 1,2,3,6; e– 4,5	a– 1, a+ 5; o– 4	c– 1,5
afhankelijke	N+ 1, 3, 4, 6	e– 3		c– 1,5
dwangmatige				c+ 2,3,4,5,6
passief-agressieve[a]	N+ 2		A– 2,4	C– 1,3,5
depressieve[b]	N+ 1,3,4,6	E– 1 t/m 6	A– 1,6; A+ 5	C– 1,4

Neuroticisme: N1: angst N2: ergernis N3: depressie N4: schaamte N5: impulsiviteit N6: kwetsbaarheid.
Extraversie: E1: hartelijkheid E2: sociabiliteit E3: dominantie E4: energie E5: avonturisme E6: vrolijkheid.
Openheid: O1: fantasie O2: esthetiek O3: gevoelens O4: verandering O5: ideeën O6: waarden.
Altruïsme: A1: vertrouwen A2: oprechtheid A3: zorgzaamheid A4: inschikkelijkheid A5: bescheidenheid A6: medeleven.
Consciëntieusheid: C1: doelmatigheid C2: ordelijkheid C3: betrouwbaarheid C4: ambitie C5: zelfdiscipline C6: bedachtzaamheid.
Deze tabel is gebaseerd op de meta-analyse van Samuel en Widiger (2008). Tabel met toestemming vertaald..
Facetten met een positieve (+) en met een negatieve correlatie (–) hebben een significant verband met de betreffende persoonlijkheidsstoornis. Een hoofdletter betekent een gemiddelde correlatie (> 0,30), een vetgedrukte hoofdletter betekent een sterke correlatie (> 0,50) en een kleine letter betekent een minder dan gemiddelde correlatie (> 0,20). Elke persoonlijkheidsstoornis heeft een meta-analytisch bepaald vijffactorenprofiel.
[a, b] Voor de passief-agressieve[a]-persoonlijkheidsstoornis zie Dyce en O'Connor (1998) en voor de depressieve[b]-persoonlijkheidsstoornis zie het onderzoek van Vachon et al. (2009).

2.5.2 Het vijffactorenmodel en screenen op algemene trekken bij hoogbegaafdheid

- Klinisch oordeel

Met het vijffactorenmodel als referentiekader is een snelle en efficiënte klinische beoordeling mogelijk van de *algemene en gezonde* trekken van de hoogbegaafde cliënt. De clinicus geeft de cliënt globaal taxerend een plus, een min of een gemiddelde score op de vijf factoren. Zo krijgen we een vijffactorenprofiel.

> **Casus Jeroen van Naemwegen**
>
> Jeroen van Naemwegen is vijftiger en kunstenaar: hij schildert en schrijft romans, alles op hoog niveau. Het Barlaeus Gymnasium maakte hij net niet af door hoge impulsiviteit en drugsgebruik in een popband, wat hij belangrijker vond dan studeren. Zijn IQ was hoog, en hij had gemakkelijk mee kunnen komen met zijn klasgenoten. Sociaal was hij verlegen en teruggetrokken, waarbij hij gevoelens vermeed, ook door ze met drugs en alcohol te verdoven. Hij rookte elke dag hasj. Hij verwachtte een grandioze carrière in de kunst.
>
> Hij is nu in psychotherapie voor recidiverende depressie en neiging tot alcoholverslaving. Hij leeft alleen met zijn trouwe hond in een rommelig atelier. Hij heeft als trekken hoog introvert, streng en onvriendelijk, weinig ordelijk maar chaotisch, neurotisch of emotioneel instabiel en hoog intellectueel autonoom, kritisch en creatief. Zijn vijffactorenprofiel is N+ E− O+ A− C−. Zijn psychotherapeut denkt aan vermijdende, narcistische en depressieve trekken, ook omdat hij niet oefent met de opdracht om positieve gebeurtenissen en gedachteschema's op te schrijven. Op de geestelijkegezondheidsmeetlat behaalt hij een 2-2-1-2-score.

- **Commentaar**

Wat bij Jeroen van Naemwegen op vermijdende trekken wijst (zie ◘ tab. 2.6) is de lage emotionele stabiliteit of het hoge Neuroticisme (N+) en de lage Extraversie (E−) of hoge introversie. Zijn lage score op de factor Altruïsme kan op narcisme wijzen (zie ◘ tab. 2.7). En de combinatie van hoog Neuroticisme (N+) en lage Extraversie (E−) met lage Consciëntieusheid (C−) is het profiel voor depressieve trekken. Zijn psychotherapeut had dus de juiste werkhypothese gevormd. Daarnaast bepaalt de geestelijkegezondheidsmeetlat of er een dubbeldiagnose van een persoonlijkheidsstoornis is. Hij lijkt op grond van het klinische oordeel een 2-2-1-2-score (zie ► par. 2.4.5) te hebben, met wel een goede Empathie (licht beperkt, 1). Er is dus sprake van een vermijdendepersoonlijkheidsstoornis met atypische trekken, te weten depressiviteit en grandiositeit.

2.5.3 Hoogbegaafdheid en gezonde trekken

Dezelfde trekken kunnen gezond of pathologisch zijn. We bespreken in het vervolg perfectionisme, narcisme en dosering van gevoelens.

De geestelijkegezondheidsmeetlat (zie casus in ► par. 2.4.5) bepaalt of er persoonlijkheidspathologie is. Op twee van de vier gebieden, te weten identiteit, zelfsturing, empathie en intimiteit, twee scores van matige (score 2) of ernstiger (score 3 of 4) beperkingen in het persoonlijkheidsfunctioneren wijzen op een persoonlijkheidsstoornis. Dat betekent dat één score van 2 en drie scores van 1 of alleen maar vier scores van 1 wijzen op een gezond functionerende persoonlijkheid. De lijst van 25 pathologische trekken is een verdere inhoudelijke concretisering van de pathologische trekken (zie ► par. 2.4.6).

Hoogbegaafdheid en gezond perfectionisme

Ongezond perfectionisme is goed beschreven in de literatuur. Voor de vijf meest onderscheidende automatische gedachten van de dwangmatige persoonlijkhdsstoornis (Beck, Freeman en Davis 2004), zie verderop in ▶ par. 2.6. Voor het kenmerkend patroon van pathologisch trekken van de dwangmatige persoonlijkheidsstoornis zie de Nederlandse vertaling van de DSM-5 (APA 2014).

- **Differentiaaldiagnostiek van dwangmatige trekken en gezond perfectionisme**

Hoogbegaafdheid gaat vaak samen met perfectionisme (Roger en Silverman 1997). In het vijffactorenmodel is dan sprake van een hoge Consciëntieusheid. Deze komt overeen met dwangmatige trekken in de DSM-5. Als pathologische trek bij de dwangmatige-persoonlijkheidsstoornis wordt in de DSM-5 gesproken van *rigide* perfectionisme (zie APA 2014). Het perfectionisme van veel hoogbegaafden is vaak *flexibel*, open, intens en creatief.

Dat onderscheid is een belangrijk punt voor de differentiaaldiagnose. Een hoge Openheid in het vijffactorenprofiel is meestal een tegenargument tegen rigide perfectionisme. Ik geef nu twee voorbeelden: een casus met flexibel en een casus met rigide perfectionisme, beiden zijn hoogleraar.

> **Casus Cornelis Verlinden**
>
> Cornelis Verlinden is universiteitshoogleraar in de fysica. Hij vertegenwoordigt de universiteit in binnen- en buitenland bij overleg en visitaties. Hij is het betrouwbare en competente gezicht van de universiteit en een aangename en geziene gast en gastheer. Hij heeft met iedereen een natuurlijk en prettig contact, en is extravert. Hij is altijd de natuurlijke voorzitter, die emotioneel intelligent de inhoud en de relaties in balans weet te houden. Zijn credo is nooit iemand te kwetsen, maar eenieder met respect en empathie te benaderen. Ook buiten zijn werk is hij actief voor goede doelen en natuurbescherming.

Op de geestelijkegezondheidsmeetlat heeft hij een 1-1-1-1-profiel; er zijn hooguit lichte beperkingen in zijn persoonlijkheidsfunctioneren; hij is wel perfectionistisch, maar niet volmaakt. Zijn identiteit, zelfsturing, empathie en intimiteit zijn alle vier positief. Verder is hij nuchter en hoogintelligent, maar zeker niet hoogsensitief. Zijn vijffactorenprofiel is N− E+ O+ A+ C+. Hij is dus hoog emotioneel stabiel, hoog extravert, hoog open of intellectueel autonoom, hoog altruïstisch of vriendelijk en hoog consciëntieus. Zijn perfectionisme is flexibel, en er zijn geen pathologische trekken. Het vijffactorenmodel geeft een goede, genuanceerde beschrijving op hoofdlijnen in 'algemene' trekken. Zijn vijffactorenprofiel is N− E+ O+ A+ C+ HB+ HS−, waarbij we een korte beschrijving hebben van de hoogbegaafdheid in relatie tot zijn algemene persoonlijkheidstrekken (Big Five) en de afwezige trek van hoogsensitiviteit.

> **Casus Stefan Sterk**
>
> Stefan Sterk is hoogleraar middeleeuws Nederlands. Hij maakt een formele en intelligente indruk. Hij is eigenwijs en volstrekt autonoom. Oude vrienden die weer contact met hem zoeken wijst hij ironisch af. In zijn vakgebied wordt hij alom gerespecteerd en als briljant beschouwd. Hij werkt hard en heeft een enorme productie qua boeken en tijdschriftartikelen. Hij belt zijn familie trouw op bij verjaardagen. Toch is hij in zijn eigen gezin niet gelukkig. Hij veroordeelt de vrijzinnige opvattingen van zijn zoon en dochter. Intimiteit komt binnen en buiten zijn gezin niet tot ontwikkeling. Hij compenseert dit met zijn hoogbegaafdheid en communiceert in de samen/boven- of samen/tegen-positie, zodat anderen geen contact met hem krijgen en zich terugtrekken. Ook zijn grapjes komen devaluerend over en onbedoeld kwetsend. Minder geschoolde mensen ervaren dit snel als arrogant narcisme, gangbaar 'onder professoren'? Zijn perfectionisme leidt samen met zijn hoogbegaafdheid op zijn vakgebied wel tot uitzonderlijke prestaties, maar is rigide en ongezond, met name voor zijn interpersoonlijke relaties.

Op de geestelijkegezondheidsmeetlat zijn er vooral problemen in Empathie (2, matig) en Intimiteit (3, ernstig). Wel heeft hij een adequaat positief zelfbeeld. Zijn zelfsturing is goed. Zijn score is 1-1-2-3. Hij heeft drie pathologische trekken: rigide perfectionisme, vermijden van intimiteit en ingeperkte affectiviteit (zie APA 2014). Hij heeft een dwangmatige-persoonlijkheidsstoornis als dubbeldiagnose naast hoogbegaafdheid. Zijn vijffactorenprofiel is: N+ EgO− AgC+ HB+ HSP+. Hij is verhoogd neurotisch, gemiddeld extravert, laag open voor nieuwe ervaringen, gemiddeld vriendelijk en streng, hoog consciëntieus, daarnaast hoogbegaafd en hoogsensitief. Zijn hoogsensitiviteit is verborgen achter de ingeperkte affectiviteit.

Deze twee casussen laten het verschil zien tussen gezond en ongezond perfectionisme, die gemakkelijk verward kunnen worden, wat tot misdiagnose kan leiden. De casus Cornelis Verlinden is een voorbeeld van hoogbegaafdheid en een gezonde persoonlijkheid. De casus van Stefan Sterk is een voorbeeld van hoogbegaafdheid en een dwangmatige-persoonlijkheidsstoornis, een dubbeldiagnose dus. Beide – en alle – casussen zijn te beschrijven met het vijffactorenmodel. De geestelijkegezondheidsmeetlat (criterium A) en één of meer pathologische trekken (criterium B) bepalen of er sprake is van een persoonlijkheidsstoornis.

Trek 2 van de dwangmatige-persoonlijkheidsstoornis is perseveratie (APA 2014). Een hoogbegaafde zal vaak op creatieve wijze wel zijn doel bereiken, maar iemand met een dwangmatige-persoonlijkheidsstoornis zal falen niet kunnen verdragen en om die reden blijven doorgaan.

Trek 3 van de dwangmatige-persoonlijkheidsstoornis is vermijding van intimiteit (APA 2014). Een hoogbegaafde gaat het eerder om het behoud van autonomie, en de hoogbegaafde heeft statistisch minder kans om gelijkgestemden te ontmoeten (4 % van de bevolking) en om intimiteit op te bouwen.

Trek 4 van de dwangmatige-persoonlijkheidsstoornis is ingeperkte affectiviteit (APA 2014). Doordat de hoogbegaafde meestal ook hoogsensitief is, heeft hij wel een proportionele affectieve reactie die past bij de uitlokkende situatie; dan is er geen sprake van ingeperkte affectiviteit. Ook is er soms ingeperkte affectiviteit als vermijding van te hevige emotionele reacties als gevolg van de hoogsensitiviteit, wat diepgaande prikkelverwerking impliceert.

Hoogbegaafdheid en gezond narcisme

In de literatuur is ongezond narcisme ook goed beschreven. Voor de vijf meest onderscheidende automatische gedachten van de narcistische persoonlijkheidsstoornis (Beck, Freeman en Davis 2004) zie verderop in ▶ par. 2.6. Voor het kenmerkend patroon van pathologische trekken van de narcistische persoonlijkheidsstoornis zie de Nederlandse vertaling van de DSM-5 (APA 2014).

- **Differentiaaldiagnostiek van narcistische trekken en gezond narcisme**

Hoogbegaafdheid gaat regelmatig samen met narcisme (Webb 2013). Dit komt overeen met narcistische trekken in de DSM-5. De opvallendste indruk van de narcist is dat hij superieur en grandioos doet. Het kerngedrag is zichzelf verheffen en anderen devalueren. Als pathologische trekken bij de narcistische-persoonlijkheidsstoornis wordt in de dimensionele DSM-5 gesproken van grandiositeit en aandacht zoeken (APA 2014). Het narcisme van veel hoogbegaafden is echter vaak net als hun perfectionisme flexibel, open, intens en creatief. Dat onderscheid is een belangrijk punt voor de differentiaaldiagnose. Een hoge Empathie in het vijffactorenmodel is meestal een tegenargument tegen pathologisch narcisme. De bij Altruïsme behorende vijf facetten of algemene trekken die hoog correleren met narcisme zijn: lage scores op A1: vertrouwen, A2: oprechtheid, A3: zorgzaamheid, A4: inschikkelijkheid en A5: bescheidenheid (zie ◘ tab. 2.7). Zijn deze facetscores echter hoog, dan is dat onverenigbaar en tegenstrijdig met pathologisch narcisme. De omgeving kan vanuit een gevoel van kwetsing de pathologie overschatten. Webb (2013, pag. 135) geeft aan dat een hoogbegaafde voor het leveren van uitzonderlijke prestaties positief narcisme juist nodig heeft. Differentiaaldiagnostisch is er bij gezonde narcistische trekken vaak wel een bijzondere prestatie gerealiseerd waardoor de persoon positieve aandacht en waardering van anderen *ontvangt* in plaats van aandacht te zoeken ter compensatie.

Ik geef nu twee voorbeelden: een casus met gezond narcisme en een casus met ongezond of laag empathisch narcisme.

> **Casus Peter in 't Veld**
>
> Peter in 't Veld is een burgemeester van middelbare leeftijd. In zijn omgeving wordt hij gezien als een geschikte kerel. Hij is heel behulpzaam voor zijn twee bejaarde buren en is voorzitter van een stichting voor een goed doel dat te maken heeft met de ziekte van een van zijn broers. De eerste opvallende indruk is competent, sneldenkend en doelgericht. Zijn schoolcarrière werd gekenmerkt door een snel stijgende lijn via mavo, havo, hbo en universiteit, waar hij management studeerde naast een volledige baan; hij sloot deze studie cum laude af. Hoewel hij heel hoog scoorde op de Cito-toets was in zijn milieu mavo het hoogst haalbare. Zijn vader was een onopvallende ambachtsman en zijn moeder een flinke boerendochter met huishoudschool. Door bemiddeling van een leraar ging hij al na enige maanden naar de havo.
> Hij solliciteerde als burgemeester van een kleine stad. Hij was toen al directeur van een groot bedrijf geweest. Opvallend in deze functie was zijn integriteit en overzicht,

en hij was een veelzijdige en creatieve man die veel projecten realiseerde. Relationeel viel zijn ongeduld op met medewerkers die hij als hoogbegaafde gauw traag van begrip vond en een zekere dwingerigheid tegenover mensen met een andere mening. Hij kan soms bot uit de hoek komen als mensen niet meteen voor hem klaarstaan of het met hem oneens zijn. Ook thuis bij zijn vrouw kan hij enorm kort door de bocht zijn, als zijn gedrag en acties niet worden toegejuicht of als zijn werkzaamheden in de goede-doelensector niet kritiekloos en met applaus worden beloond. Dan wordt hij enigszins narrig. Hoewel zijn hoogbegaafdheid op veel mensen narcistisch overkomt, is zijn narcisme toch positief en gezond. Dit blijkt uit de afname van de geestelijke-gezondheidsmeetlat.

- **Commentaar**

Zijn persoonlijkheid laat zich in het vijffactorenmodel beschrijven als laag neurotisch en emotioneel stabiel. Hij is een sterke, stabiele man. Als geschikte kerel is hij hoog extravert. Verder is hij aardig en vriendelijk, hoog open voor nieuwe ervaringen en intellectueel autonoom, en gemiddeld consciëntieus. Zijn vijffactorenprofiel is N− E+ O+ A+ Cg. Op de geestelijkegezondheidsmeetlat scoort hij gezond wat betreft het persoonlijkheidsfunctioneren. Hij heeft een 1-1-2-1-profiel voor identiteit, zelfsturing, empathie en intimiteit. Zie voor de definities met alle elementen de Nederlandse vertaling van de DSM-5 (APA 2014). Slechts op één domein haalt hij matige beperkingen, dat is het domein empathie. Voor identiteit haalt hij score 1, lichte beperkingen. Bijvoorbeeld zijn zelfbeeld is positief, maar soms wat te veel zelfvertrouwen. Bovendien wisselt zijn zelfvertrouwen van te veel maar bij kritiek naar te sterk tekortschieten. Zijn zelfsturing is goed, alleen de effectieve zelfreflectie is matig beperkt (2). Wat betreft empathie haalt hij matig beperkt (2). Bijvoorbeeld zijn vermogen om uiteenlopende opvattingen te integreren is ook matig beperkt, hoewel hij dat in de politiek met compromissen wel kan hanteren, maar in zijn privéleven eigenlijk niet. Wat betreft de intimiteit heeft hij ook het vermogen tot lange duurzame vriendschappen en een partnerrelatie. Zijn intimiteit is licht beperkt en zit in het gezonde gebied. Wanneer we zijn 1-1-2-1-profiel beoordelen, dan is deze persoonlijkheid niet een persoonlijkheidsstoornis, maar omdat maar één gebied van empathie wat slechter functioneert kunnen we spreken van 'gezonde' narcistische trekken bij een constructieve, hoogbegaafde burgemeester.

Casus Jos van Koch

Jos van Koch is dertig jaar en een succesvolle popzanger. Hij komt bij een chique detox-kliniek met een verslaving van dagelijks drie gram cocaïne, die al twaalf jaar speelt. Hij heeft geen schulden of lichamelijk ongerief, en hij vindt alcohol schadelijker dan coke. Hij meldt zich aan omdat hij wel oud wil worden en dit zo niet ziet lukken. Omdat hij bakken met geld verdient, kan hij onversneden cocaïne direct uit Colombia laten komen. Hij reist veel en treedt op in het buitenland. Hij heeft geen partner en weinig tot geen vrienden. Hij is hoogbegaafd, heeft een IQ van 155, heeft biochemie en farmacologie gestudeerd en weet dus alles van medicijnen en drugs. Hij stelt zich ook tijdens de intake bij de verslavingszorg-

2.5 · Het vijffactorenmodel en persoonlijkheidstrekken

psycholoog vooral kritisch en devaluerend boven/tegen op. Hij is uiterst kritisch en laat merken dat hij uitzonderlijk begaafd is. Hij is enig kind van ouders die permanent aan het werk waren op een hoog wetenschappelijk niveau. Hij is vooral opgevoed door kindermeisjes. Zijn ouders waren expats die veelal in het buitenland woonden, en hij heeft zich door de verhuizingen moeilijk kunnen hechten. Hij heeft meerdere opnames in klinieken vanwege intoxicaties achter de rug, maar wil daar geen informatie over geven. Ook een huisartsendossier mag niet worden opgevraagd. Over de verslavingsartsen in de vorige klinieken, waar hij tegen hun advies vertrok woedend en met devaluering van de medewerkers, zegt hij: 'Wat hadden die verslavingsartsen een laag wetenschappelijk niveau, en wat kenden ze hun vak slecht; ik wist er meer van met mijn IQ en mijn studies.' Hij maakt een narcistische en antisociale indruk. Opvallend is dat hij geen empathie heeft en in de interactie met de psychologen en artsen van de verslavingszorg permanent boven/tegen devalueert. Hij heeft vier van de vijf automatische gedachten (zie kader), en er zijn ook veel antisociale gedachten aanwezig. De therapeut/intaker voelt zich onzeker door de hoge intelligente en gevoelloze devaluering. Naast aandacht zoeken en grandiositeit vertoont hij ook trekken van roekeloosheid, impulsiviteit, onverantwoordelijk en onbetrouwbaar gedrag, manipulatie en vijandige woede. Klinisch oordeel: in het vijffactorenmodel wordt hij ingeschat als hoog neurotisch en emotioneel instabiel, hoog extravert, gemiddeld open voor nieuwe ervaringen, laag vriendelijk en altruïstisch, en laag consciëntieus. Op de geestelijkegezondheidsmeetlat heeft hij een 3-3-3-3-profiel. Op alle vier de domeinen – identiteit, zelfsturing, empathie en intimiteit – heeft hij ernstige beperkingen. Ook in tijden dat hij clean was van de cocaïne, wat de laatste tien jaar af en toe een paar maanden gelukt is, heeft hij dezelfde persoonlijkheidstrekken en beperkingen in zijn persoonlijkheidsfunctioneren. De trekken aandacht zoeken en grandiositeit zijn aanwezig, evenals hoogbegaafdheid die narcistisch gekleurd wordt. We hebben hier te maken met een dubbeldiagnose van narcistische-persoonlijkheidsstoornis met antisociale trekken en ernstig cocaïnegebruik. De afloop van de intake bij de verslavingskliniek is dat hij weer boos en kwetsend wegloopt, en probeert weer als popzanger de bewondering van het publiek op te roepen.

Op de geestelijkegezondheidsmeetlat zijn er overal ernstige beperkingen, in Identiteit (3, ernstig), Zelfsturing (3, ernstig), Empathie (3, ernstig) en Intimiteit (3, ernstig). Zie voor de definities met alle elementen de Nederlandse vertaling van de DSM-5 (APA 2014). Ook heeft hij een opgeblazen inadequaat zelfbeeld. Zijn zelfsturing is ernstig beperkt: geen lange-termijndoelen. Zijn empathie is nul. Intimiteit met ouders, vrienden of een partner is geheel afwezig. Zijn score op de geestelijke gezondheidsmeetlat is 3-3-3-3. Hij heeft twee van de volgende pathologische trekken: grandiositeit en aandacht zoeken (APA 2014). Hij heeft een narcistische-persoonlijkheidsstoornis als dubbeldiagnose naast hoogbegaafdheid. Hij is verhoogd neurotisch, hoog extravert, gemiddeld open voor nieuwe ervaringen, laag vriendelijk en laag consciëntieus, daarnaast hoogbegaafd maar niet hoogsensitief. Zijn vijffactorenprofiel is: N+ E+ Og A− C− HB+ HSP−.

Deze twee casussen laten het verschil zien tussen gezond en ongezond narcisme, die gemakkelijk verward kunnen worden en tot misdiagnose kunnen leiden.

De casus Peter in 't Veld is een voorbeeld van hoogbegaafdheid en een gezonde persoonlijkheid. De casus Jos van Koch is een voorbeeld van hoogbegaafdheid en een narcistische-persoonlijkheidsstoornis, een dubbeldiagnose dus. Beide – en alle – casussen zijn te beschrijven met het vijffactorenmodel. De geestelijke gezondheidsmeetlat oftewel beperkingen in persoonlijkheidsfunctioneren (criterium A) en één of meer pathologische trekken (criterium B) bepalen of er sprake is van een persoonlijkheidsstoornis.

Trek 2 van de narcistische-persoonlijkheidsstoornis is aandacht zoeken; een popmusicus heeft daar meestal geen gebrek aan.

Hoogbegaafdheid, hoogsensitiviteit en gezonde vermijding van gevoelens

Een vermijdende persoonlijkheidsstoornis is gevoelig voor afwijzing, trekt zich terug uit sociale en intieme situaties en geniet weinig van het leven. Zie de Beck-tabel verderop in ▶ par. 2.6 en voor de volledige definitie zie de Nederlandse vertaling van de DSM-5 (APA 2014).

De casus Marise Dijkman is een voorbeeld van ongezonde gevoelsvermijding.

Casus Marise Dijkman

Marise Dijkman, 22 jaar, meldt zich aan bij de ggz wegens depressieve gevoelens. Vaak zegt zij afspraken met studiegenoten af, omdat ze er te veel tegen opziet. Ze heeft moeite met haar concentratie, en de resultaten voor haar studie biologie zijn zeer matig. Ook piekert ze angstig over van alles. Daarnaast voelt zij zich steeds onzekerder. Zij is er vrijwel de hele dag mee bezig hoe zij op anderen overkomt. Dit is toegenomen nadat haar eerste vriendje het uitmaakte na een korte relatie. Cliënt is de oudste van twee dochters. Bij een studiekeuzetest op de middelbare school was de score op een intelligentietest opvallend hoog, namelijk 140. Haar vader is econoom. Zij beschrijft hem als een gesloten man, die hard werkt en prikkelbaar kan zijn. Sinds tien jaar heeft hij zijn eigen bedrijf, en sinds die tijd drinkt hij meer dan goed voor hem is. Een hechte band met hem heeft zij nooit gehad. In haar moeder, verpleegkundige, herkent zij zich wel. Zij beschrijft haar als druk, gevoelig, snel en wat chaotisch. Soms had cliënt met haar wel wat meer persoonlijke gesprekken, waarin haar moeder weleens heeft aangegeven last te hebben gehad van een negatief zelfbeeld. De laatste jaren had zij wel vrede gekregen met zichzelf.

De herinneringen aan thuis en haar schoolperiode zijn voor cliënt niet plezierig. Thuis was de sfeer altijd ietwat gespannen. Op school haalde zij zeer hoge cijfers, maar zij voelde zich niet op haar gemak onder haar klasgenoten. Die vonden haar op hun beurt vaak arrogant, eigenwijs en nerdy. Door het gevoel overal buiten te staan kreeg zij steeds meer het gevoel minderwaardig te zijn. Ze had last van stress en slapeloosheid, en haar studieresultaten liepen in vwo-5 sterk terug. Bemoeienis en steun van haar mentor en een eindsprint voorkwamen dat zij moest doubleren. Het patroon van interpersoonlijk contact dat zij kent van thuis, zet zij voort in latere sociale contacten. Het lukt haar niet om goede vrienden te maken.

2.5 · Het vijffactorenmodel en persoonlijkheidstrekken

Op de geestelijkegezondheidsmeetlat zijn er matige beperkingen wat betreft Identiteit (2, matig), Zelfsturing (2, matig), Empathie (1, licht) en Intimiteit (2, matig). Zie voor de definities met alle elementen de Nederlandse vertaling van de DSM-5 (APA 2014). Zij heeft een sterk negatief zelfbeeld. Haar zelfsturing is matig beperkt. Zij heeft bijvoorbeeld geen effectieve zelfreflectie. Haar empathie is goed. Intimiteit met ouders, vrienden of een partner is matig beperkt. Haar code is 2-2-1-2. Zij heeft vier van de volgende pathologische trekken (APA 2014): ongerustheid, sociale teruggetrokkenheid, anhedonie (ook in niet-depressieve perioden), vermijding van intimiteit. Zij heeft een vermijdende persoonlijkheidsstoornis als dubbeldiagnose naast hoogbegaafdheid.

Haar vijffactorenprofiel is: N+ E− Og A+ C+ HB + HSP−. Zij is verhoogd neurotisch en hoog introvert, staat gemiddeld open voor nieuwe ervaringen, is hoog vriendelijk en hoog consciëntieus, en daarnaast hoogbegaafd en hoogsensitief.

- **Differentiaaldiagnostiek van gezonde en ongezonde vermijdende trekken**

Gezond en ongezond vermijden van gevoelens gaan regelmatig samen met hoogbegaafdheid en hoogsensitiviteit (zie ook ▶ par. 2.10). Dit komt overeen met vermijdende trekken in de DSM-5. De opvallendste indruk van de vermijder is verlegen. Het kerngedrag is het vermijden van gevoelens en/of sociale situaties.

De vermijding van veel hoogbegaafden en hoogsensitieven is vaak flexibel en creatief. Het kan een gezonde manier van coping zijn om al te intense gevoelens te doseren. Ook het gevaar van overbelasting door overmatige prikkelgevoeligheid (OE) en chronische stress wordt zo verkleind.

Een hoge Extraversie in het vijffactorenmodel is meestal een tegenargument tegen overmatige vermijding. Het optimale prikkelniveau van extraverten ligt hoger dan van introverten (Cain 2016). Het snelle en divergerende denken en idealisme leiden bij hoogbegaafden eerder tot het bedenken van negatieve gebeurtenissen en 'rampen', die de ongerustheid versterken. Te weinig plezier in het leven ervaren is strijdig met de brede en intense interesse van de hoogbegaafde voor specifieke boeiende situaties. Differentiaaldiagnostisch dien je wel uit te sluiten of de cliënt tijdelijk depressief is, want dan is in principe de brede belangstelling te wekken en te benutten in een depressiebehandeling.

Sociale teruggetrokkenheid en vermijding van intimiteit kunnen pathologisch lijken, maar zijn het soms niet omdat hoogbegaafden statistisch afwijkend zijn en daarom geen of moeilijk aansluiting vinden bij vrienden en partner, omdat er weinig mensen gelijkgestemd (qua interesses en beeld van de wereld en vaak ook qua hoogsensitiviteit) en van ongeveer gelijk intelligentieniveau zijn om voldoende boeiende hechting mee op te bouwen. Bij twijfel moeten we vermijding niet te snel als pathologisch inschatten, maar eerst de functie analyseren en met de cliënt de voor-/nadelenbalans doorwerken.

Hoogbegaafdheid en gezonde autonomie

Het sterke rechtvaardigheidsgevoel en de sterke autonomie van de hoogbegaafde kunnen lijken op passief-agressieve trekken of het bij een persoonlijkheidsstoornis horende kerngedrag van passief verzet. De geestelijkegezondheidsmeetlat bepaalt of er sprake is van een persoonlijkheidsstoornis en of de autonomie een gezonde of een pathologische trek is.

2.6 Becks cognitieve model

De *cognitieve theorie* van psychopathologie en persoonlijkheidstrekken of persoonlijkheidsstoornissen gaat uit van selectieve informatieverwerking, meer specifiek van selectieve processen van aandacht, geheugen en interpretatie. Deze selectieve informatieverwerking veroorzaakt de persoonlijkheidsstoornis en houdt deze in stand. In het geheugen liggen *schema's* opgeslagen, een term afkomstig van Piaget. Schema's zijn structuren van kennis die vaak grotendeels impliciet zijn (Piaget 1926). Vanuit de output in de vorm van gedachten, gevoelens en het doen en laten (*overt behavior*, openlijk gedrag) is een veronderstelling te maken over de aanwezige schema's. Beck noemt de concrete inhoud van een schema een aanname: een fundamentele, in woorden gevatte veronderstelling van de persoon over het zelf, de ander en de wereld ((Beck, Freeman en Pretzer 1990; Beck et al. 2004).

Een goed voorbeeld is verlegenheid. De meeste mensen zijn als kind verlegen geweest. Meestal overwint iemand zijn verlegenheid. Bij een kleine groep mensen wordt het een persoonlijkheidsstoornis. Hun zelfbeeld is dat van een 'verlegen' iemand, en zij gedragen zich als zodanig. Op een uitnodiging voor een feest gaan zij niet in, en ze blijven zich verlegen voelen en gedragen. Het schema over zichzelf (het zelfbeeld) blijft zo ongewild in stand, wordt met de jaren sterker en kan uitgroeien tot een vermijdende-persoonlijkheidsstoornis met een negatief zelfbeeld.

Het *cognitieve model* veronderstelt dat het menselijk reageren in emotie en gedrag niet beïnvloed wordt door de objectieve situatie, maar door de subjectieve perceptie of waarneming van de situatie. Dit is een constructivistische overtuiging (Beck 1964, 1995). De persoon construeert de situatie op subjectieve wijze en gaat op grond hiervan reageren.

Een illustratie van het cognitieve model is het leren bedienen van een computer of een auto. Wanneer je voor het eerst een computerles of autorijles hebt, kun je automatisch gaan denken: 'Dit is voor mij te moeilijk. Ik begrijp of kan het nooit.' Dit veroorzaakt een gevoel van angst en ontmoediging, en leidt tot het vermijden van computers of rijles (gedrag) en pijn in de nek (lichamelijke reactie). Het automatische negatieve denken wordt op een dieper niveau in gang gezet door schema's die op grond van vroege ervaringen zijn aangeleerd, de basale aannames (kerngedachten) en intermediaire aannames (overtuigingen). Het cognitieve model van Beck is weergegeven in ◘ fig. 2.7.

◘ **Figuur 2.7** Het cognitieve model van Beck

2.6 · Becks cognitieve model

Een hoogbegaafde persoon met persoonlijkheidstrekken of een persoonlijkheidsstoornis is zich wel bewust (soms na zelfobservatie) van de automatische gedachten die in zijn bewustzijn opkomen, maar meestal niet van de dieperliggende en basale aannames (zelfbeeld en beeld van de ander).

Als voorbeeld zijn de automatische gedachten van een persoon met een *narcistische*-persoonlijkheidsstoornis door Beck samengevat in het kader (Beck et al. 1990). Bij een persoon met narcistische persoonlijkheidstrekken wordt een kleiner aantal automatische gedachten gevonden dan bij een persoonlijkheidsstoornis; het is een continuüm.

> 1. Ik ben een erg bijzonder en belangrijk persoon.
> 2. Omdat ik boven anderen uitsteek, heb ik recht op een voorkeursbehandeling.
> 3. Ik ben niet gebonden aan de regels waar anderen zich wel aan moeten houden.
> 4. Het is van zeer groot belang om erkend, geprezen en bewonderd te worden.
> 5. Als anderen geen respect tonen voor mijn speciale status, moeten ze daarvoor 'bestraft' worden.
> 6. Anderen moeten in al mijn behoeften voorzien.
> 7. Anderen moeten zich realiseren hoe bijzonder ik ben.
> 8. Het is onverdraaglijk als ik het respect wat mij toekomt niet krijg, of als ik niet krijg waar ik recht op heb.
> 9. Anderen verdienen de bewondering en rijkdom niet die ze krijgen.
> 10. Anderen hebben niet het recht mij te bekritiseren.
> 11. Behoeften van anderen mogen die van mij niet dwarsbomen.
> 12. Aangezien ik zo talentvol ben, moeten anderen zich aanpassen ter ondersteuning van mijn carrière.
> 13. Alleen mensen die zo bijzonder zijn als ik begrijpen mij.
> 14. Ik heb alle reden om een grootse toekomst tegemoet te zien.
>
> Beck et al. 1990 met toestemming vertaald

De automatische gedachten van een persoon met *dwangmatige*-persoonlijkheidsstoornis zijn door Beck als volgt beschreven (Beck et al. 1990). Bij een persoon met dwangmatige persoonlijkheidstrekken wordt een kleiner aantal automatische gedachten gevonden dan bij een persoonlijkheidsstoornis; het is een continuüm lopend van een trek naar vele trekken of een persoonlijkheidsstoornis.

1. Ik ben geheel verantwoordelijk voor mezelf en anderen.
2. Het komt allemaal op mij neer om de dingen te doen die gedaan moeten worden.
3. Anderen zijn vaak slordig, gemakzuchtig en onbekwaam, en gedragen zich vaak onverantwoordelijk.
4. Het is belangrijk om alle taken volmaakt te doen.
5. Alleen met orde, systematiek en vaste regels kan ik een karwei naar behoren doen.
6. Als ik geen systeem heb, wordt alles een chaos.
7. Zelfs een kleine tekortkoming of fout in mijn optreden kan verschrikkelijke gevolgen hebben.
8. Het is belangrijk om te allen tijde vast te houden aan de hoogste normen, anders loopt alles mis.
9. Ik vind het belangrijk om volledige controle te hebben over al mijn emoties.
10. Anderen moeten zich gedragen op mijn manier.
11. Als ik niet op het hoogste niveau presteer, ben ik eigenlijk een mislukkeling.
12. Zwakten, tekortkomingen en fouten zijn onverdraaglijk.
13. Details zijn van zeer groot belang.
14. Over het algemeen is mijn manier om dingen te doen de beste.

Beck et al. 1990 met toestemming vertaald

Bij vijf persoonlijkheidsstoornissen zijn empirisch de vijf meest discriminerende items van de PDBQ-test onderzocht (Beck et al. 2004). Ik noem deze vijf automatische gedachten 'de top vijf'. Deze vijf items zijn snel af te nemen in een klinisch interview of door de PDBQ. Voor bijvoorbeeld de dwangmatige-persoonlijkheidsstoornis gaat het om de volgende items:

1. Details zijn van zeer groot belang.
2. Het is belangrijk om alle taken volmaakt te doen.
3. Anderen moeten zich gedragen op mijn manier.
4. Alleen met orde, systematiek en vaste regels kan ik een karwei naar behoren doen.
5. Als ik geen systeem heb, wordt alles een chaos.

Beck et al. 2004 met toestemming vertaald

Tijdens de ontwikkeling van kind tot volwassene zijn er meerdere wegen die tot persoonlijkheidstrekken kunnen leiden. Volgens Beck worden sommige gedragspatronen *eenzijdig* ontwikkeld, en andere, vaak tegengestelde gedragspatronen, blijven onderontwikkeld (Beck et al. 1990). Bijvoorbeeld: bij paranoïde persoonlijkheidstrekken ontwikkelen zich een overmatige waakzaamheid, wantrouwen en achterdocht en een tekort aan harmonie, vertrouwen en acceptatie. Specifieke persoonlijkheidstrekken ontwikkelen zich door interactie met belangrijke anderen, zoals ouders, broers en zussen, die de basale gedragspatronen (basisstrategieën) bekrachtigen. Ook angstreductie kan een belangrijke bron van negatieve bekrachtiging vormen. Daarnaast zijn identificatie met belangrijke anderen (leren door observatie van voorbeelden of *modeling*) en een erfelijke dispositie (temperament) belangrijke factoren. Vaak zijn er meerdere factoren tegelijk in het spel.

2.6 · Becks cognitieve model

Het zelfbeeld, het beeld van de ander en van de wereld en de negatieve overtuigingen (die tezamen de kerngedachten vormen) leiden tot de kerngedragingen.

Een hoogbegaafd persoon met een *vermijdende*-persoonlijkheidsstoornis ziet zichzelf bijvoorbeeld als sociaal belachelijk (zelfbeeld) en is derhalve kwetsbaar voor afkeuring en afwijzing (Beck et al. 2004). Dit wordt nog versterkt door het beeld van de ander als kritisch en vernederend. De overtuiging van de persoon is dat afwijzing rampzalig is. Een andere negatieve overtuiging is dat als mensen je echt leren kennen, ze je af zullen wijzen als minderwaardig. Ook gelooft de persoon dat hij geen onaangename gevoelens kan verdragen. Deze overtuigingen leiden tot twee hoofdstrategieën of kerngedragingen: het vermijden van beoordelingssituaties en het vermijden van onaangename gevoelens. Het therapieplan beoogt het sociaal vermijdende, kwetsbare en geremde gedrag af te leren en assertiever en groepsgerichter gedrag aan te leren, zodat de onderontwikkelde kant meer ontwikkeld wordt.

Een hoogbegaafd persoon met een *dwangmatige*-persoonlijkheidsstoornis ziet zichzelf bijvoorbeeld als verantwoordelijk en competent (zelfbeeld) en is derhalve verantwoordelijk voor alle fouten, ook de details (Beck et al. 2004). Dit wordt nog versterkt door het beeld van de ander als onverantwoordelijk, incompetent en nonchalant. De overtuiging van de persoon is dat falen rampzalig is. Een andere overtuiging is dat je moet slagen. Ook gelooft de persoon dat hij geen imperfectie kan verdragen. Deze overtuigingen leiden tot kerngedrag van overmatig je best doen. Het therapieplan beoogt het alleen verantwoordelijke, ordelijke en controlerende gedrag af te leren en speels, humoristisch en spontaan gedrag aan te leren, zodat de onderontwikkelde kant meer ontwikkeld wordt.

Een illustratie van een casus met zowel dwangmatige als vermijdende trekken is Piet de Moor.

> **Casus Piet de Moor**
>
> Piet de Moor is een vijftiger en is hoogbegaafd en hoogsensitief. Op de basisschool werd hij al gepest, en dit zette zich voort tot de tweede klas van het lyceum. Hij reageerde hier fel en gevoelig op. Hij ontwikkelde vermijdende en dwangmatige trekken. Zijn beeld van de ander was dat mensen hem snel uitlachten, raar vonden en kritisch bekeken. Hij zag dat oordeel snel in de ogen van anderen. Hierdoor ging hij enerzijds kritische en dominante mensen mijden, en anderzijds probeerde hij met zijn snelle denken anderen voor te zijn. Ook deed hij erg zijn best om sociale 'fouten' te voorkomen. Het gevolg is chronische stress. Anderen kunnen zijn hoge denk- en spreektempo niet bijhouden en voelen zich 'overruled'.

Een hoogbegaafd persoon met een *narcistische* persoonlijkheidsstoornis ziet zichzelf bijvoorbeeld als uniek, superieur en bijzonder (zelfbeeld) en eist derhalve het recht op een speciale behandeling op (Beck et al. 2004). Dit wordt nog versterkt door het beeld van de ander als minderwaardig of bewonderend. De overtuiging van de persoon is dat kwetsing rampzalig is. Een andere overtuiging is dat hij zich niet aan de regels hoeft te houden. Deze overtuigingen leiden tot het volgende kerngedrag: zichzelf verheffen en anderen devalueren. Het therapieplan beoogt het zelfverheerlijkende en rivaliserende gedrag af te leren en delend en zich met de groep identificerend gedrag aan te leren, zodat de onderontwikkelde kant meer ontwikkeld wordt.

■ Tabel 2.8 De tabel van Beck

persoonlijk-heidsstoornis	opvallendste indruk DSM-5	kerngedrag (CAR)	kerngedachten (COV) zelfbeeld	kerngedachten (COV) beeld van de ander
paranoïde	achterdochtig	wantrouwen beschuldigen	rechtvaardig onschuldig kwetsbaar	uit op misbruik vijandig
schizoïde	sociaal onverschillig	afstand houden	op mijzelf onafhankelijk	opdringerig lastig
schizotypische	eigenaardig	zich afzonderen	vreemd, anders 'ik mis iets' 'ik voorvoel gevaar'	niet te vertrouwen bedreigend
antisociale	antisociaal	aanvallen intimideren	op mijzelf aangewezen sterk	kwetsbaar te gebruiken
borderline	instabiel (wat betreft relaties, zelfbeeld en stemming) en impulsief	regisseren (1) zich tijdelijk intens hechten (2) zich terugtrekken (3)	slecht onacceptabel hulpeloos alleen kwetsbaar	(geïdealiseerd) machtig liefhebbend perfect (gedevalueerd) afwijzend verradend controlerend in de steek latend
histrionische	aandacht zoekend en buitensporig emotioneel	overdrijven amuseren charmeren	glamoureus indruk makend aantrekkelijk	bewonderend te verleiden
narcistische	grandioos en superieur	devalueren zichzelf verheffen	uniek bijzonder superieur	minderwaardig bewonderend
vermijdende	verlegen	sociaal contact vermijden gevoel vermijden	kwetsbaar incompetent	kritisch vernederend
afhankelijke	afhankelijk	zich hechten zich aanpassen	hulpeloos incompetent	(geïdealiseerd) competent steunend
dwangmatige	perfectionistisch	overmatig je best doen (perfectionisme)	verantwoordelijk competent	onverantwoordelijk incompetent
passief-agressieve	passief verzet tegen eisen	zich passief verzetten	onafhankelijk allergisch voor onvrijheid	eisend controlerend dominerend
depressieve	pessimistisch	passief reageren klagen bekritiseren	waardeloos tekortschietend	in de steek latend falend

Beck et al. 2004 met toestemming vertaald

2.6 · Becks cognitieve model

Tabel 2.9 Kerngedrag en kerncognities bij de hoogbegaafde persoonlijkheid

kerngedrag	snel en creatief oplossingen scheppen
kerngevoel	intense opwinding, kick, stress, faalangst
zelfbeeld	uitzondering, buitenstaander, bijzonder, slim, sneldenkend, autonoom, intensief, gevoelig, raar
beeld van anderen	horen erbij, gewoon, bewonderaars
kernbekrachtiging	(zelf)waardering, acceptatie, bewonderende aandacht, creatieve kick, interesse bevredigen
kernthema	angst voor falen, isolement, erbuiten staan, afwijzing

Op basis van de DSM-5 (APA 2014, zie ▶ par. 2.4.2) worden er twaalf groepen persoonlijkheidstrekken en persoonlijkheidsstoornissen geclassificeerd. Elke specifieke persoonlijkheidsstoornis of groep persoonlijkheidstrekken heeft ook weer zijn eigen opvallendste indruk. De onderzoeker begint met de fase van hypothesevorming op grond van de opvallendste indruk die de hoogbegaafde cliënt wekt. De persoon valt op doordat hij steeds volgens hetzelfde patroon reageert. 'Manier van reageren' is een breder concept dan observeerbaar gedrag en omvat ook kenmerkende emoties en gedachten voor de opvallendste indruk. Dit patroon doet de diagnosticus denken aan specifieke persoonlijkheidstrekken.

In ▫ tab. 2.8 (Beck et al. 2004) worden de twaalf persoonlijkheidsstoornissen en groepen persoonlijkheidstrekken weergegeven met de opvallendste indruk, de kerngedragingen, het zelfbeeld en het beeld van de ander.

Diagnostiek van het zelfbeeld en het beeld van de ander is een belangrijke stap voor de diagnose van specifieke persoonlijkheidstrekken of een specifieke persoonlijkheidsstoornis. Om het schema vast te stellen (Padesky 1995) vraagt de therapeut aan een cliënt: 'Wat zegt deze gebeurtenis over hoe je zelf in het algemeen bent? Wat zegt deze gebeurtenis over hoe je in het algemeen anderen ziet?'

De hoogbegaafde cliënt zal op vragen naar zijn zelfbeeld en beeld van de ander reageren met *algemene* hoogbegaafde kerncognities (zie ▫ tab. 2.9) en/of met specifieke kerncognities, behorend bij persoonlijkheidstrekken of persoonlijkheidsstoornissen (zie ▫ tab. 2.8). Het is daarom belangrijk dat de clinicus de kerncognities behorend tot de specifieke persoonlijkheidstrekken kent en navraagt. Ook hier is diagnostiek van het zelfbeeld tweeledig: zelfbeeld bij algemene hoogbegaafdheid en bij specifieke persoonlijkheidstrekken, uit de groep van twaalf trekken.

Kerngedrag en kerncognities bij de hoogbegaafde persoonlijkheid zijn weergegeven in ▫ tab. 2.9. Kerngedrag en kerncognities bij de dwangmatige, de narcistische en de vermijdende persoonlijkheidstrekken zijn te vinden in ▫ tab. 2.8.

Diagnostiek van het zelfbeeld is van groot belang, enerzijds om de zelfwaardering door psychotherapie te verbeteren, anderzijds om de inhoud te begrijpen, die tweeledig bepaald wordt door de algemene hoogbegaafdheid en de specifieke persoonlijkheidstrekken.

2.7 Youngs schemagerichte model

De schemagerichte cognitieve therapie van Young bouwt voort op ideeën van Millon over de twee hoofdcriteria van persoonlijkheidspathologie, te weten starheid in de aanpassing (adaptieve rigiditeit) en vicieuze cirkels met zelfondermijnende gevolgen (Young 1994; Millon en Everly 1985).

In hun uitstekende zelfhulpboek (Young en Klosko 1994) worden elf 'valkuilen' behandeld die de cliënt zelf kan opsporen door de Schema-Vragenlijst (YSQ, Young et al. 2005) in te vullen op ▶ www.schematherapie.nl/vakinformatie/vragenlijsten. In de Schema-Vragenlijst van Young worden achttien schema's onderscheiden (Young et al. 2005; Rijkeboer 2012). Cliënten met persoonlijkheidspathologie hebben meestal meer dan een van deze schema's of kernovertuigingen. Young onderscheidt achttien valkuilen op vijf *hoofdgebieden* van de menselijke psychische ontwikkeling (zie kader). Voor de definities, zie Young et al. 2005.

Beschrijving van vijf domeinen en achttien schema's volgens Young et al. (2005)

I. Onverbondenheid en afwijzing
1. Verlating/instabiliteit
2. Wantrouwen/misbruik
3. Emotioneel tekort
4. Minderwaardigheid/schaamte
5. Sociaal isolement/vervreemding

II. Verzwakte autonomie en verzwakt functioneren
6. Afhankelijkheid
7. Kwetsbaarheid voor ziekte en gevaar
8. Kluwen/onderontwikkeld zelf
9. Mislukken/falen

III. Verzwakte grenzen
10. Veeleisendheid
11. Onvoldoende zelfcontrole/zelfdiscipline

IV. Gerichtheid op anderen
12. Onderwerping
13. Zelfopoffering
14. Goedkeuring en erkenning zoeken

V. Overmatige waakzaamheid en inhibitie
15. Negativisme/pessimisme
16. Emotionele geremdheid
17. Extreem hoge eisen/strenge normen
18. Bestraffendheid

2.7 · Youngs schemagerichte model

Deze achttien valkuilen overlappen met de kernthema's van de persoonlijkheidsstoornissen. Bijvoorbeeld: de schema's van veeleisendheid of grandiositeit zijn schema's van de cliënt met narcistische persoonlijkheidstrekken, die de angst voor kwetsing en vernedering als kernthema heeft. Strenge normen horen als schema bij de cliënt met dwangmatige persoonlijkheidstrekken, die als kernthema angst voor oncontroleerbaar falen heeft. Sociaal isolement komt frequent voor bij vermijdende persoonlijkheidstrekken, waarbij het kernthema angst voor afwijzing is. In ◘ tab. 2.10 worden kenmerkende schema's voor narcistische, vermijdende en dwangmatige persoonlijkheidstrekken getoond.

Schema's worden op drie manieren bevestigd en in stand gehouden (Young 1994): door overgave, vermijding en overcompensatie. Deze worden de drie manieren van coping genoemd.

Schema-overgave wil zeggen dat de persoon selectief met de bril van zijn schema waarneemt en bevestigd wordt in wat hij al dacht. De hoogbegaafde persoon ziet vanuit het schema van meedogenloos hoge eisen of strenge normen allerlei mensen om hem heen zich nonchalant, slordig en gemakzuchtig gedragen. Ook kan schema-overgave leiden tot gedrag dat zichzelf waarmaakt in de interactie met anderen. De hoogbegaafde persoon met de schema's van sociaal isolement en van mislukken gedraagt zich daarnaar, zodat de kans op mislukken, bijvoorbeeld in zijn werk, veel groter wordt. Zijn collega's reageren op zijn schema's automatisch door hem niet serieus te nemen, hem te passeren en meer aandacht te geven aan een ander, waardoor de schema's bevestigd worden.

◘ Tabel 2.10 Persoonlijkheidstrekken vergeleken met schema's volgens Young

narcistische*	veeleisendheid/grandiositeit
	emotioneel tekort
	mislukken
vermijdende	sociaal isolement
	tekortschieten/schaamte
	kwetsbaarheid voor ziekte en gevaar
	mislukken
	onderwerping*
	negativisme/pessimisme
dwangmatige	strenge normen/overmatig kritisch zijn
	emotionele geremdheid
	sociaal isolement/vervreemding
	goedkeuring/erkenning zoeken
	zelfopoffering

* Young et al. 2005

Vermijding van schema's kan zich uiten op het gebied van gevoelens, gedachten en gedrag. Een hoogbegaafde persoon met de schema's van sociaal isolement en van mislukken vermijdt met hasj of alcohol zijn gevoel van verdriet en woede over mislukking en sociaal isolement. Gedachten aan mislukking worden door de hoogbegaafde persoon met passief-agressieve trekken vergeten en cognitief vermeden. Een persoon met een schema van veeleisendheid kan dit schema vermijden door zich overmatig bescheiden te gedragen en zo niet de hevige woede te hoeven voelen die op zou treden als zijn vele eisen niet zouden worden ingewilligd.

Overcompensatie van schema's betekent dat de persoon zich tegengesteld aan het basale schema gedraagt. Een hoogbegaafde persoon met histrionische trekken of met afhankelijke trekken gedraagt zich zo overdreven autonoom en onafhankelijk dat het schema van verlatingsangst verhuld en gecompenseerd wordt. Een hoogbegaafde persoon met schema's van emotioneel tekort en wantrouwen kan zich overmatig naïef en vertrouwend opstellen, zodat hij weer slachtoffer wordt van misbruik. Een persoon met antisociale trekken en het schema van onvoldoende zelfcontrole kan zich zeer beheerst en geremd gedragen, totdat de bom barst, tot verrassing van zijn omgeving.

Met name voor de borderline- en de narcistische-persoonlijkheidsstoornis is het *modusmodel* ontworpen (Young et al. 2005). De definitie van een modus is: een momentane wisselende toestand van gevoelens en coping. Er zijn vier soorten 'schemamodi' en in totaal tien 'schemamodi', te weten:
1. kindmodi (bijvoorbeeld het kwetsbare, impulsieve, boze of blije kind);
2. disfunctionele-oudermodi (bijvoorbeeld de veeleisende ouder, die geïnternaliseerd is);
3. disfunctionele copingmodi (bijvoorbeeld de afstandelijke beschermer);
4. de gezonde-volwassenemodus.

Het grote aantal variabelen, namelijk achttien schema's, drie vormen van coping en tien modi maakt een complexe casusconceptualisatie mogelijk, die zeer geïndividualiseerd is. Het model van Young is dynamischer en transdiagnostischer dan het DSM-5-model. Een relatieve beperking is de cognitieve invalshoek, die het kerngedrag en de gevolgen (consequenties) daarvan meer als afgeleide van het schema beschouwt.

Voordeel van het schemamodel is ook dat het dimensioneel is en zich uitstrekt op een continuüm van de gezonde persoon met zijn schema's tot en met de eenzijdiger, sterkere en frequentere schema's bij de persoonlijkheidsstoornissen.

Er volgt nu ter illustratie een casus uit de schematherapie.

Casus Jeroen van Bosch

Jeroen van Bosch is 35 jaar op het moment dat hij zich aanmeldt voor schematherapie. Hij woont samen met zijn vriendin, werkt als projectmanager bij een organisatieadviesbureau en is recent cum laude geslaagd voor de hbo-opleiding bedrijfseconomie. Deze studie deed hij in de avonduren naast een volle baan. Jeroen wil zelf in schematherapie omdat zijn vriendin baat heeft gehad bij deze behandeling.

2.7 · Youngs schemagerichte model

Hij verdiepte zich daarin en herkende bij zichzelf ook patronen die hem al jarenlang hinderen in zijn leven. Jeroen ervaart sterke gevoelens van wantrouwen, heeft zowel bindingsangst als verlatingsangst, is bang ziek te worden en voelt een voortdurende dreiging boven zijn hoofd hangen dat hij wat hij met veel moeite opgebouwd heeft, zoals zijn relatie maar ook materiële zaken en zijn geld, weer kwijt zal raken. Deze angst werd versterkt door een burn-out en tijdelijke uitval op zijn werk in combinatie met een crisis in de partnerrelatie naar aanleiding van een affaire van zijn vriendin met een andere man. Daarvoor waren ze samen in relatietherapie, waar ze tevreden op terugkijken. Zij willen allebei de relatie van zestien jaar met elkaar voortzetten, maar zijn vriendin verwacht wel dat hij verandert.

Jeroen zegt dat het er aan de buitenkant bij hem allemaal wel goed uitziet, maar dat hij zich vanbinnen nog angstig, somber en vaak extreem vermoeid voelt. Hij kan zo gefrustreerd raken door deze aanhoudende klachten dat hij een halfjaar geleden even het idee had dat hij maar liever dood wilde, bijvoorbeeld door met zijn auto tegen een viaduct aan te rijden.

Tijdens de intake wordt duidelijk dat Jeroen getraumatiseerd is door een gebroken gezin, het verlies van de band met zijn vader, met wie hij zich eerst nauw verbonden voelde, maar door wie hij zich steeds minder gezien en begrepen voelde, en die hij als intrusief en onbetrouwbaar ervaren heeft. Vader wilde 'een echte man' van hem maken. Daardoor werd hij gedwongen om dingen te doen waar hij bang voor was, vaak zonder enige voorbereiding. Jeroen was een sensitieve, gevoelige jongen en had van kinds af aan veel last van astma en eczeem. Hij werd regelmatig overvallen door buien van benauwdheid en hevige jeuk. Zijn schoolcarrière werd gehinderd door deze fysieke problemen en het veelvuldige verzuim als gevolg daarvan. Hij deed ondanks een havo/vwo-advies de mavo en vervolgens een mbo-opleiding. Op school voelde Jeroen zich een buitenbeentje en werd hij gepest. Daarom trok hij zich meer terug in zichzelf.

Er kwamen steeds meer spanningen tussen de ouders, wat Jeroen aanvoelde en waardoor hij zich zorgen maakt. Uiteindelijk bleek zijn vader een geheim tweede leven te hebben met een seksverslaving en schulden. Toen moeder rond zijn achttiende besloot te scheiden, moesten Jeroen en zijn jongere broer zelfstandig gaan wonen in verband met financiële en huisvestingsproblemen. De jongens werden gescheiden van hun moeder en zusje. Het contact met vader werd verbroken.

Jeroen moest gedwongen snel zelfstandig worden, de zorg voor zichzelf en zijn jongere broer op zijn schouders nemen en accepteren dat het gezin uit elkaar gevallen was. Hij werd onder de hoede genomen door zijn eerste werkgever, die zijn talent zag, maar zich ook vaderlijk over hem ontfermde, hem soms financieel extra hielp en betere huisvesting voor hem regelde.

Jeroen 'vermande zich', werd streng voor zichzelf en ontwikkelde een onkwetsbare façade van hard werken, perfectionisme en op zijn hoede zijn voor afwijzing. Zijn kwetsbare gezondheid ging hij compenseren door middel van dwangmatig gezond leven en veel fitnesstraining. In dezelfde periode leerde hij zijn vriendin kennen, die een paar jaar jonger was en eveneens een onveilige thuissituatie wilde ontvluchten. Hij nam haar, net als zijn jongere broer, onder zijn hoede.

Screening van hoogbegaafdheid

Alle tien de kenmerken (▶ par. 2.1) zijn aanwezig, en bij werkgerelateerde assessments zijn IQ-metingen gedaan, waarbij Jeroen rond de 130 scoorde. Bij deze casus wordt een illustratie gegeven van casusconceptualisatie op grond van het schematherapiemodel. Uit de intake, het door hem beschreven levensverhaal en de specifieke vragenlijsten uit de schematherapie bleken bij Jeroen de volgende vroege onaangepaste *schema's* van denken en voelen te zijn ontstaan:

Meedogenloze normen/overmatig kritisch: als gevolg van zijn streven onkwetsbaar en onfeilbaar te worden, zich te vermannen en alles onder controle te krijgen. De ijzeren discipline waarmee hij zijn astma en eczeem, maar ook zijn angsten onder controle kreeg.

Kwetsbaarheid voor ziekte en gevaar: als gevolg van het ernstige lijden door zijn chronische astma en eczeem en later het gevaar van het uiteenvallen van zijn gezin, de angst voor geldgebrek en geen dak boven je hoofd hebben. Dit schema wordt bestreden via onkwetsbaar gedrag en vermeden via dwangmatige controle van de levensstijl en meedogenloos sporten.

Verlating/instabiliteit: als gevolg van het uiteenvallen van het gezin en de verlating door vader, maar ook moeder. Dit schema wordt vermeden door zich vast te klampen aan zijn partner, maar ook aan zijn werkgever, waardoor hij moeilijk volgende carrièrestappen kan maken.

Wantrouwen/misbruik: als gevolg van de rol van vader waardoor zijn vertrouwen beschaamd werd, maar ook de pesterijen door leeftijdsgenoten op school. Dit schema wordt vermeden door zich terug te trekken en door emotionele remming, waardoor er geen misbruik gemaakt kan worden van zijn kwetsbaarheid. Soms kan Jeroen ook de tegenaanval kiezen als beste verdediging.

Emotionele geremdheid: als een oplossing voor zijn hoge gevoeligheid en emotionaliteit in een onveilige gezinssituatie.

Uit de Schemamodi vragenlijst (SMI), de interacties met de therapeut en de geanalyseerde interacties rondom probleemsituaties die Jeroen tijdens de intakefase inbrengt, komen de volgende *schemamodi* naar voren:

- 'het woedende kind' dat zich bedrogen, verlaten en onbegrepen voelt;
- 'de onthechte beschermer' oftewel de kluizenaar in hem;
- 'de zelfverheerlijker' oftewel de aangename afleider/pleziergever;
- 'de dwangmatige overcontroleerder', die alles in de hand moet houden;
- de 'veeleisende kant' oftewel de ontoombare aanjager/pusher.

De 'gezonde volwassene'-kant, de kant die de regie zou moeten hebben over de verschillende stemmingen, wordt vaak flink overspoeld door bovenstaande stemmingen. Maar met deze 'gezonde volwassene'-kant kan Jeroen ook gebruikmaken van een goed verstand, uitstekende zelfreflectie en sociale vaardigheden.

Later in de behandeling komt de 'kwetsbare-kindmodus' naar de voorgrond, dat zich miskend, verlaten en gepest voelt en afgewezen om wie hij is.

Deze casus werd succesvol behandeld en geeft een goed beeld dat ook bij schematherapie screenen bij vermoeden van hoogbegaafdheid verrijkend kan zijn.

2.8 Interactiediagnose

2.8.1 De roos van Leary

Timothy Leary heeft een bruikbaar en praktisch model ontwikkeld om interacties snel in te delen, de zogenoemde 'roos van Leary' (Leary 1957). Hij onderscheidt twee hoofddimensies: samen, tegen, boven en onder. Zo komt hij tot vier communicatieposities: onder/samen, boven/samen, onder/tegen en boven/tegen. Vaak heeft iemand een voorkeur voor een van deze vier posities. Ook is er een wisselende voorkeur mogelijk voor twee (of meer) posities. De persoon met afhankelijke persoonlijkheidstrekken heeft bijvoorbeeld een voorkeur voor de positie onder/samen. De cliënt met narcistische persoonlijkheidstrekken 'in ruste' prefereert de positie boven/samen, maar schiet na kwetsing in de positie boven/tegen. Mengbeelden zijn een ander voorbeeld van wisselende posities. De persoon met zowel narcistische als passief-agressieve trekken zal wisselen tussen de posities boven/samen, boven/tegen en onder/tegen. De persoon met histrionische en afhankelijke trekken zal zich de ene keer boven/samen en de andere keer onder/samen opstellen. De persoon met borderlinetrekken ten slotte, die als hoofdkenmerk instabiliteit in intermenselijke relaties heeft, wisselt tussen alle vier de interactieposities.

De communicatiepositie die de ene persoon inneemt, roept bij de ander een aanvullende (complementaire) of een tegengestelde (symmetrische) interactiepositie op: boven roept onder op, onder roept boven op, samen nodigt uit tot samen en tegen provoceert tegen. Dit zijn regels volgens welke communicatief gedrag en dus ook interactiestoornissen verlopen. De therapeut merkt dit gedrag snel aan zijn eigen reactie en aan de interactiepositie die hem als het ware wordt opgedrongen. Het is daarom wenselijk dat de therapeut aan zelfanalyse doet (par.5.4).

In ◘ fig. 2.8 worden vier persoonlijkheidstrekken ingedeeld in de roos van Leary.

2.8.2 Hechting

Hoewel de roos van Leary een snelle en praktische manier is om interacties in te delen op twee dimensies, wil ik als *derde* dimensie de mate van hechting toevoegen. Interpersoonlijk gedrag (en daarmee interactiestoornissen) is zonder deze derde dimensie niet goed te verhelderen, en de derde dimensie van hechting geeft het interpersoonlijke gedrag meer diepte. Horney (1939) beschreef reeds drie basispatronen in interacties tussen mensen, namelijk *moving towards, against and away from other people*, te vertalen als samen met anderen, tegen anderen in en weg van anderen gaan. Het laatste verwijst bij haar naar de onthechte persoonlijkheid. Millons model (▶ par. 2.4.1) bouwt voort op Horney en kiest de indeling gericht op het zelf (onafhankelijk), op de ander (afhankelijk), op beiden (ambivalent) en op geen van beiden (onthecht). Als we de vele ingewikkelde theoretische modellen reduceren tot de basale dimensies, dan is interpersoonlijk hechtingsgedrag een zeer essentiële gedragsdimensie.

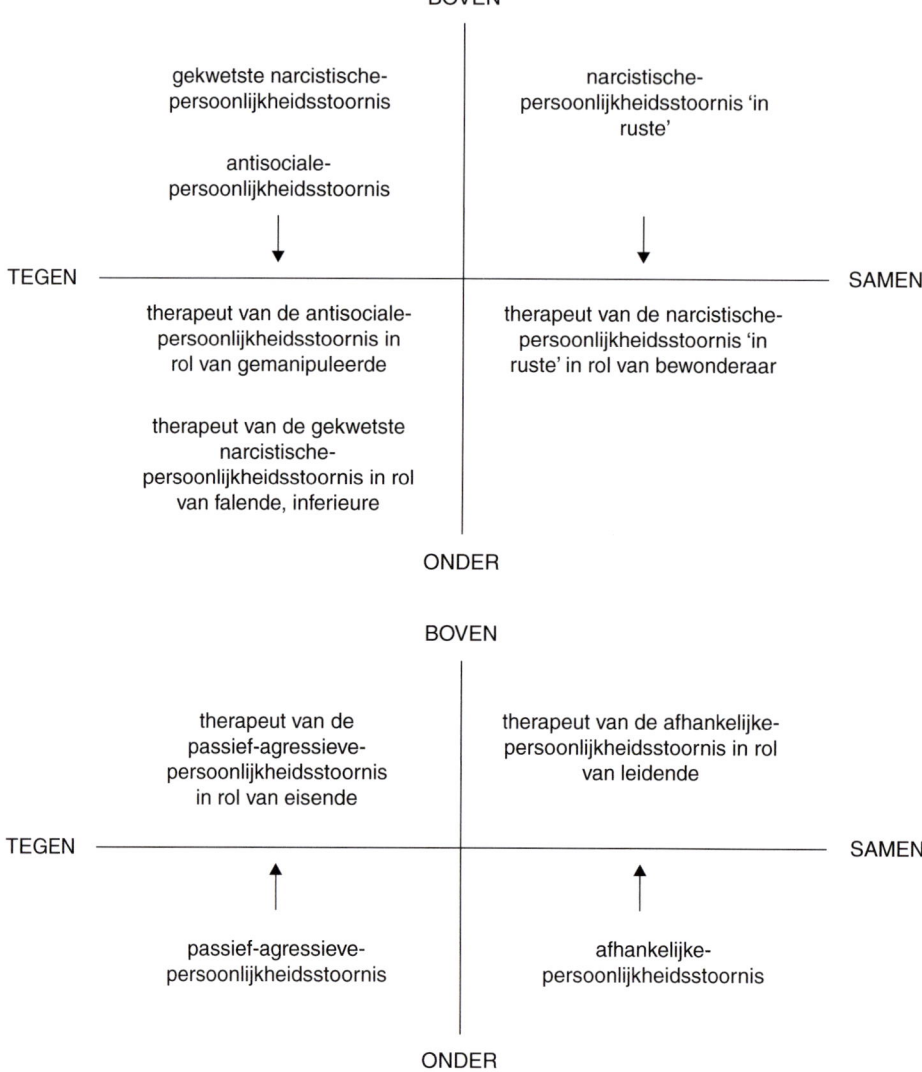

Figuur 2.8 De roos van Leary en vier persoonlijkheidstrekken

Dit model (roos van Leary en interpersoonlijke hechting) is goed combineerbaar met het cognitieve model van Beck en met al dan niet vermijding van intimiteit en angst voor afwijzing en verlating. We volgen hier verder het model van Millon.

Hechtingsgedrag is een continuüm en strekt zich uit van:
- (extreme) hechting en volledige gerichtheid op de ander *via*;
- veilige hechting *naar*;
- ambivalente hechting *naar*;
- (extreme) onthechting en gerichtheid op het zelf.

2.8 · Interactiediagnose

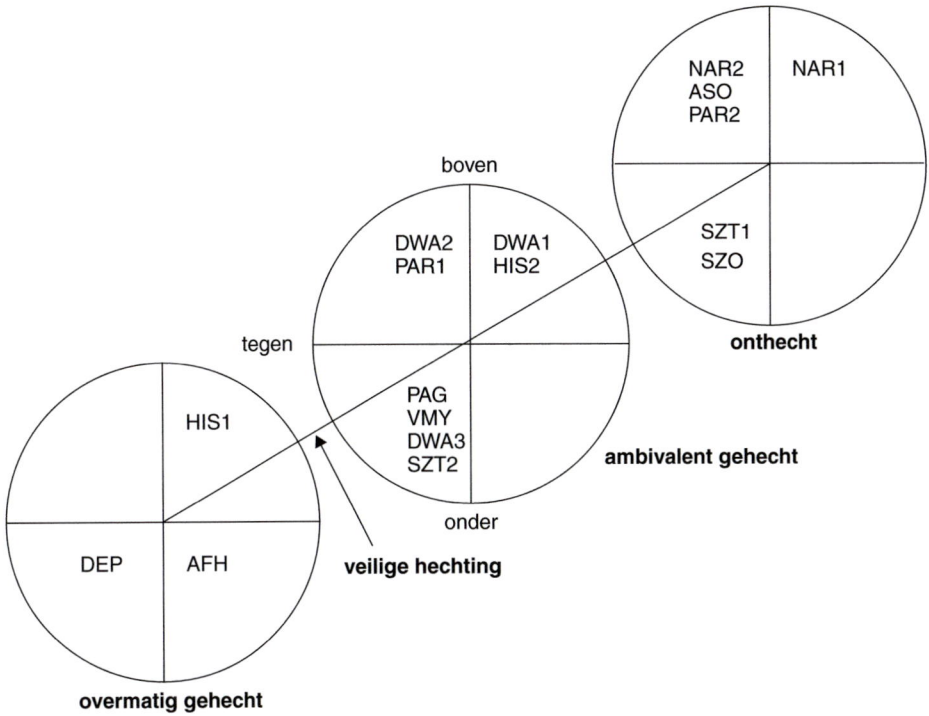

Figuur 2.9 Persoonlijkheidstrekken en drie kwadranten van type hechting

Hechting omvat zowel de samen-dimensie als de tegen-dimensie. Als voorbeeld kun je denken aan een persoon met histrionische persoonlijkheidstrekken, die jaloers gehecht kan zijn, en de persoon met passief-agressieve persoonlijkheidstrekken, die ambivalent gehecht kan zijn in zijn tegendraadsheid en verzet. Mijn voorstel is om de voorkeurspositie van de persoon in de omgang met belangrijke anderen (in heden en verleden) en dus ook met de diagnosticus of therapeut te taxeren op drie tweepolige dimensies:
1. samen versus tegen;
2. boven versus onder;
3. overmatig gehecht via ambivalent gehecht tot onthecht.

We komen daarmee tot een beoordeling van twaalf mogelijke posities op drie dimensies. In fig. 2.9 zijn deze posities in beeld gebracht.

De afkortingen in fig. 2.9 verwijzen naar de verschillende persoonlijkheidstrekken, waarbij SZT staat voor schizotypische en SZO voor schizoïde persoonlijkheidstrekken. De cijfers betekenen een verschillende positie die ingenomen kan worden. Zo is de histrionische persoonlijkheid vaak boven/samen en overmatig (HIS1) maar ook ambivalent gehecht (HIS2). De dwangmatige persoonlijkheid is ambivalent gehecht, maar switcht van boven/samen (DWA1) naar boven/tegen (DWA2) naar onder/tegen (DWA3). DEP betekent depressieve, AFH afhankelijke, HIS histrionische, DWA dwangmatige, PAR paranoïde, PAG passief-agressieve, VMY vermijdende, NAR narcistische en ASO antisociale persoonlijkheidstrekken. De overige persoonlijkheidstrekken worden beschreven in tab. 2.11.

Tabel 2.11 Interactieposities en type hechting bij persoonlijkheidstrekken

persoonlijkheidstrek	interactiepositie en type hechting
paranoïde	boven/tegen en ambivalent gehecht tot onthecht
schizoïde	onder/tegen en onthecht
schizotypische	onder/tegen en onthecht tot ambivalent gehecht
antisociale	boven/tegen en onthecht
borderline	alle kwadranten
histrionische	boven/samen en overmatig gehecht tot ambivalent gehecht
narcistische	boven/samen of boven/tegen en onthecht
vermijdende	onder/tegen en ambivalent gehecht
afhankelijke	onder/samen en overmatig gehecht
dwangmatige	boven/samen of boven/tegen of onder/tegen en ambivalent gehecht
passief-agressieve	onder/tegen en ambivalent gehecht
depressieve	onder/tegen en overmatig gehecht

Van de drie ernstiger persoonlijkheidsstoornissen kan de borderline-persoonlijkheidsstoornis zich bewegen over het hele continuüm van extreme hechting via ambivalente hechting tot extreme onthechting. De paranoïde-persoonlijkheidsstoornis beweegt zich tussen ambivalent en onthecht. De schizotypische-persoonlijkheidsstoornis zit meer aan de onthechte kant, maar niet zo extreem als en ook meer ambivalent dan de schizoïde-persoonlijkheidsstoornis.

De kenmerkende interactiestijl binnen en buiten de therapie kan leiden tot de interpersoonlijke of interactionele diagnose op basis van interactiestoornissen van de cliënt en is een aanwijzing voor een mogelijke persoonlijkheidsstoornis.

De therapeutische relatie is een uitlokkende gebeurtenis (CS/Sd), die hechtingsgedrag (of onthechting) oproept. Dit hechtingsgedrag kan het therapeutische proces bevorderen of verstoren en dient daarom regelmatig bewust gehanteerd te worden door de therapeut.

2.9 Cloningers temperamentmodel

Cloninger heeft een psychobiologisch model van de persoonlijkheid ontwikkeld (Cloninger et al. 1993). Hij komt tot vier temperamentdimensies:
1. Prikkelzoekend (NS, Novelty Seeking): opzoeken van nieuwe situaties;
2. Leedvermijding (HA, Harm Avoidance): vermijden van leed, onheil en negatieve gevoelens;
3. Sociaal gericht (RD, Reward Depending): gevoeligheid voor beloning en waardering;
4. Volharding.

Deze temperamentdimensies zijn volgens Cloninger (2000) erfelijk en onafhankelijk van omgevingsinvloeden. Zij corresponderen met de verschillende neurotransmittersystemen. Zij zijn tweepolig en door de clinicus met behulp van de TCI-test te beoordelen. De clinicus kan de eerste drie temperamentdimensies van een cliënt ook beoordelen in een klinisch interview.

> **Kenmerken temperamentdimensies**
> Prikkelzoekend (Novelty Seeking)
> *waaronder* snel verveeld en impulsief
>
> Leedvermijdend (Harm Avoidance)
> *waaronder* pessimistisch en fobisch
>
> Sociaal gericht (Reward Dependence)
> *waaronder* sociaal en afhankelijk
>
> Voor de volledige definitie zie Cloninger (2000)

Daarnaast onderscheidt Cloninger drie karakterdimensies, die mensen als volwassene geleerd hebben langs de weg van inzicht in zichzelf:
1. zelfsturend zijn (*self-directedness*), een autonoom individu zijn;
2. coöperatief zijn (*cooperativeness*), deel van de mensheid zijn;
3. zelftranscendent zijn (*self-transcendence*), deel van het universum zijn.

In het algemeen wijst laag prikkelzoekend met laag sociaal gericht zijn op cluster A, houdt laag prikkelzoekend samen met hoge leedvermijding verband met cluster C en hoog prikkelzoekend op cluster B. Het profiel wijst op persoonlijkheidstrekken, niet per se op persoonlijkheidsstoornissen, daar is meer voor nodig, zie ▶ par. 2.4.

2.9.1 Zelfoordeel met tests

De genoemde zeven dimensies zijn te meten met behulp van de psychologische test TCI, die in het Nederlands is vertaald als Temperament en Karakter Vragenlijst (Duijsens 1996).
  Psychologen onderschatten vaak de beperkingen die temperamentfactoren opleggen aan de veranderbaarheid van de cliënt. De praktische waarde van Cloningers model is groot, omdat op basis hiervan een betere diagnose is te stellen. Ook voor een haalbaar en realistisch therapieplan is het belangrijk om onderscheid te maken tussen het onveranderlijke gegeven van temperamentfactoren en de therapeutische veranderbaarheid van de persoonlijkheid en persoonlijkheidsstoornis.

2.9.2 Temperament en hoogbegaafdheid

Hoogbegaafdheid wordt door het meegekregen temperament mede gevormd. Dit wordt geïllustreerd aan de hand van onderstaande vier voorbeelden.

Voorbeeld van een antisociaal temperament

Johnnie is hoogbegaafd en heeft antisociale trekken. Hij is altijd onrustig en wil steeds nieuwe situaties opzoeken en nieuwe mensen ontmoeten. Hij is onvoorzichtig en bekommert zich niet om gevaar en mogelijke ongelukken. Ook is hij niet gevoelig voor kritiek en kent geen angst of schuldgevoel. Hierdoor leert hij niet en is hij niet gevoelig voor externe correctie van politie en justitie. Hij heeft al vele boetes en ongelukken op zijn naam staan.
Op grond van zijn temperament zoekt hij sterk naar prikkels, scoort hij laag op leedvermijding en is hij laag sociaal gericht. Dit is het basistemperament van de antisociale persoon.

Voorbeeld van een afhankelijk en vermijdend temperament

Anita is ook hoogbegaafd, maar heeft vooral afhankelijke en vermijdende trekken. Zij houdt liefst alles bij het oude, neemt zo min mogelijk risico, is zeer voorzichtig en ziet overal gevaar, ziekte en onheil. Zij heeft vele angsten en voelt zich snel schuldig en tekortschieten. Zij heeft geleerd om snel veilige en voorspelbare situaties te scheppen en anticipeert vaak te snel op afwijzing en kritiek.
Op grond van haar temperament zoekt zij laag naar prikkels, scoort zij hoog op leedvermijding en is zij hoog sociaal gericht. Dit is het basistemperament van de afhankelijke en van de vermijdende persoon.

Voorbeeld van een schizoïde temperament

Henk is schizoïde en hoogbegaafd. Hij houdt in relaties afstand en is single. Hij zoekt geen prikkels en mijdt nieuwe situaties en mensen. Hij heeft geen sociale behoefte en is introvert. Hij is ook niet gevoelig voor waardering en kritiek. Hij staat onthecht tegenover mogelijk gevaar en onheil.
Op grond van zijn temperament zoekt hij laag naar prikkels, scoort hij laag op leedvermijding en is hij laag sociaal gericht. Dit is het basistemperament van de schizoïde persoon.

Voorbeeld van een histrionisch temperament

Lotte is hoogbegaafd en heeft histrionische trekken en een onstuitbare sociale behoefte. Zij is zeer extravert, heeft twintig echte vriendinnen, om nog maar te zwijgen van alle Facebook-vrienden. Zij zoekt steeds nieuwe prikkels en mensen. Zij ziet geen gevaar en is ronduit onvoorzichtig, wat met haar flair meestal goed afloopt. Zij is enorm gericht op waardering en bewonderende aandacht.
Met haar temperament scoort zij hoog op prikkelzoeken, scoort zij laag op leedvermijding en is zij sterk sociaal gericht. Dit is het basistemperament van de histrionische persoon.

2.9.3 Hoogbegaafdheid in relatie tot temperament

Hoogbegaafdheid helpt Johnnie om snel denkend, creatief antisociaal te zijn en vindingrijk te manipuleren, Anita weet zich slim aan te passen en bijzonder intelligent te vermijden. Ook Henk is knap en autonoom in het vinden van afzondering. En Lotte weet vele vrienden en kennissen intensief en vaardig te charmeren en hen te boeien, omdat zij zo breed geïnteresseerd is. De algemene eigenschappen van hoogbegaafdheid spelen een belangrijke rol (zie ▶ par. 2.1) voor de screeningsdefinitie.

De uiteenlopende temperamenten geven een richting aan en kleuren omgekeerd ook de hoogbegaafdheid en de richting die deze persoon zoekt: nieuwe of vertrouwde situaties, wel of juist niet vermijden van leed en onheil, wel of niet gevoelig zijn voor waardering en kritiek. Temperament moet apart beoordeeld worden; hoge nieuwsgierigheid (kenmerk 6 van de screeningsdefinitie, zie ▶ par. 2.1) bij hoogbegaafdheid gaat samen met hoog maar ook met laag prikkelzoekend gedrag. Hoogsensitiviteit gaat vaak samen met hoge leedvermijding.

2.10 Hoogsensitiviteit als persoonlijkheidstrek

Aron en Aron (1997) introduceerden in 1997 de term hoogsensitiviteit, wat zij definiëren als: 'Een aangeboren temperament met de strategie om informatie zorgvuldig te verwerken alvorens te handelen, dat resulteert in een besef van subtiele verschillen en in snel overprikkeld raken.'

In facetten van het vijffactorenmodel (zie ▶ par. 2.5) kun je hoogsensitief formuleren als trekken: bedachtzaam, consciëntieus, voorzichtig en niet-impulsief handelen.
- Diepgaande verwerking
- Overprikkeling
- Emotionaliteit
- Bedachtzaam handelen
- Sensitiviteit

Prikkels leiden via diepgaande verwerking of hoge sensitiviteit en overmatige prikkelgevoeligheid tot overprikkeling met als gevolg emotionaliteit (Van Hoof 2016).

De prevalentie is bij mens en dier twintig procent (zie ▶ par. 1.1) en wordt evolutionair verklaard doordat het opmerkzame en voorzichtige eigenschappen zijn die goed zijn voor de overleving van de hele groep.

Aron en Aron (2002) ontwikkelden een zelftest voor Hoogsensitiviteit, waarvan enkele items nu volgen:
- Ik ben me bewust van subtiele signalen in mijn omgeving.
- Ik word beïnvloed door de stemmingen van anderen.
- Ik ben nogal gevoelig voor pijn.
- Tijdens drukke dagen merk ik dat ik behoefte heb om me terug te trekken in mijn bed of in een donkere kamer of een andere plek waar ik ongestoord alleen kan zijn.
- Ik ben bijzonder gevoelig voor de effecten van cafeïne.
- Ik raak gemakkelijk overvoerd door dingen als fel licht, sterke geuren, grove weefsels of harde sirenes.

Voor alle items van de zelftest zie Aron en Aron 2002.

2.10.1 Uitwerking

Als je veertien vragen van de zelftest met 'ja' hebt beantwoord, ben je waarschijnlijk hoogsensitief (Aron 2002). Omdat hoogsensitiviteit een aangeboren persoonlijkheidstrek is (zie definitie aan het begin van deze paragraaf) geldt hier net als bij hoogbegaafdheid het criterium van transtemporeel: aanwezig vanaf de vroege jeugd en zichtbaar in de leergeschiedenis; het criterium van transsituationeel: zich uitend in vele huidige situaties; en hoogfrequent en passend in de functieanalyse (zie ◘ fig. 2.10).

Deze test is psychometrisch niet erg sterk, maar klinisch wel relevant. Dit komt doordat de onderzoekspopulatie eerst tot studenten beperkt was, maar deze test brengt waarschijnlijk drie verschillende onderdelen in kaart. Dit werd geopperd toen Smolewska et al. (2006) in een studie de dimensionaliteit van de vragenlijst onderzochten. Hoogsensitiviteit bleek niet één construct, maar de Zelftest voor hoogsensitiviteit (Aron 2002) meet volgens hen drie verschillende zaken.

De eerste factor werd uitgelegd als 'snel overprikkeld raken door interne of externe eisen'. De tweede factor kreeg als label 'esthetisch bewustzijn' en de derde factor ging over 'onaangename sensorische arousal' ten gevolge van externe stimuli (negatief affect). Wat Smolewska et al. opvallend vonden, was dat de helft van de vragen uit de onderzochte 23-vragenlijst over de eerste factor gingen: de mate van overprikkeling.

2.10.2 Overexcitability (OE) en het vijffactorenmodel

Webb (2012) onderscheidt op grond van de desintegratietheorie van Dabrowski (1972) vijf soorten overmatige prikkelgevoeligheid of overexcitability (OE) waarin een hoge intensiteit de kern van hoogbegaafdheid is:
1. sensorische;
2. verbeeldingsvolle;
3. psychomotorische;
4. intellectuele;
5. emotionele.

Van Hoof (2016) vond in onderzoek dat hoogsensitiviteit samen met hoogbegaafdheid hoog correleert met alle OE-schalen *behalve* met psychomotorische OE. Hoogbegaafdheid zonder hoogsensitiviteit heeft hoge correlaties met sensorische, verbeeldingsvolle en intellectuele OE. Hoogsensitiviteit lijkt het verschil te maken voor overmatige emotionele prikkelgevoeligheid, wanneer hoogbegaafdheid (in 80 % van de gevallen, zie ▶ par. 1.1) samen voorkomt met hoogsensitiviteit.

Vuyk et al. (2016) pleiten ervoor om de OE-schalen te hernoemen als de corresponderende facetten van de factor Openheid voor ervaring (O) uit het wetenschappelijk goed onderzochte vijffactorenmodel (zie ▶ par. 2.5). Zij onderzochten de correlaties tussen de O-facetten en de OE-schalen en vonden grote overeenkomsten.

2.10.3 Zelfoordeel met test gericht op Overexcitability (OE)

De OEQ-II (Falk et al. 1999) is een Engelstalige zelfinvultest om deze vijf OE's te meten.
In ◘ fig. 2.10 wordt de functieanalyse van algemene hoogbegaafdheid (zie ook ▶ H. 3) samen met hoogsensitiviteit getoond.

2.10 · Hoogsensitiviteit als persoonlijkheidstrek

uitlokkende gebeurtenis
(CS/Sd)

complexe en boeiende situatie
(boeiend of nieuwsgierig makend)

denkproces
snel, complex, hoogassociatief, divergerend, creatief en autonoom

gedachten
(COV)
– ik ben autonoom, snel en creatief
– ik ben anders dan anderen en speciaal
– ik ben nieuwsgierig en heb vele en intense interesses
– ik ben verantwoordelijk
– ik moet competent zijn
– alles moet perfect en rechtvaardig verlopen
– ik wil dingen (de wereld) verbeteren
– ik wil eerlijk en rechtvaardig zijn (of ben gedesillusioneerd)
– ik ben slimmer maar mis vaardigheden op sociaal, sportief of kunstzinnig gebied
– voor mij gelden andere regels
– anderen zijn anders, slimmer of minder slim, jaloers of bewonderend, meer sociaal of sportief
– gewoon zijn en gewoon meedoen is voor mij niet bereikbaar
– ik ben een uitzondering en hoor er niet bij
– anderen sluiten mij buiten
– anderen mogen mij niet
– anderen vinden mij raar

gevoelsproces
intens, meestal overmatig prikkelgevoelig of hoogsensitief

gevoel
(CER)
gedreven, intense opwinding, stress, faalangst

gedrag
(CAR)
snel en creatief oplossingen scheppen

gevolgen
(C)
voordelen
+C+ trots, zelfwaardering
+C+ waardering, acceptatie, bewondering van de omgeving
+C+ bevrediging, flow
+C+ schepping
–C– saaiheid neemt af

nadelen
+C– er minder bij horen
+C– anderen haken af
+C– negatieve reactie vanuit de omgeving, onzekerheid, jaloezie
0C+ geen tegenspel
+C– sociaal isolement
+C– onbegrip
+C– haast, ongeduld
+C– stress, moe
+C– frustratie, onvrede

◘ **Figuur 2.10** Functieanalyse (algemeen) van hoogbegaafdheid

2.10.4 Hoogsensitiviteit en stress

Relevant voor stress is de evolutionaire visie op het stresssysteem volgens Hoogendijk en De Rek (2017). De mens heeft een verouderd stresssysteem dat in de evolutie vijfhonderd miljoen jaar teruggaat toen de vis verscheen. Bij de schaduw van een haai raakte de vis in stress, zodat hij snel kon vluchten. Nieuw in de geschiedenis van de mens is de vage chronische stress uit digitale (virtuele) bron. Via de stresshormoon-as werken psychische stressoren lichamelijk en voelt de mens zich onaangenaam of gestrest. Stress is ook gezond, maar chronische stress niet, want dan is er een verhoogde kans op angst, depressie en burn-out. Psychotherapie werkt ook lichamelijk via de stresshormoon-as. Lichaamsgerichte technieken werken omgekeerd ook psychisch en verbeteren het gevoel. In het stresssysteem komen lichaam en 'ziel' bij elkaar.

Bij hoogsensitiviteit betekent dit dat er meer zelfzorg nodig is en aandacht voor prikkelreductie en voor hersteltijd van chronische stress (zie ▶ H. 4). Een extra belasting is de vage virtuele, digitale stress, want tegenwoordig komt er vijf keer meer informatie op een mens af dan 25 jaar geleden (Levitin 2016). De naar schatting viermaal zo snel denkende hoogbegaafde persoon, die meestal hoogsensitief is, heeft dus een verhoogd risico.

2.11 Integratie van diagnostiek in elf stappen bij hoogbegaafdheid en persoonlijkheid uitmondend in een holistische theorie of casusconceptualisatie

De in ◘ tab. 2.12 genoemde tien stappen uit dit hoofdstuk zijn aan te bevelen voor persoonlijkheidsonderzoek bij hoogbegaafdheid.

◘ Tabel 2.12 Stappen persoonlijkheidsanalyse bij hoogbegaafdheid

1		screening 10 persoonlijkheidstrekken algemene hoogbegaafdheid	
2		12 groepen van specifieke persoonlijkheidstrekken	
3		geestelijkegezondheidsmeetlat	
	beslissing: wel persoonlijkheidsstoornis	<=>	beslissing: geen persoonlijkheidsstoornis
4	25 pathologische trekken DSM-5		▼▼
5		algemene 30 trekken vijffactorenmodel	
6		cognitieve screening van beeld zelf, ander, wereld volgens Beck	
7		schema's Young	
8		interactiediagnose	
9		temperament	
	beslissing: wel hoogsensitief	<=>	beslissing: niet hoogsensitief
10		holistische theorie	

Casusconceptualisatie, functieanalyse en betekenisanalyse van dubbel kerngedrag bij hoogbegaafdheid en persoonlijkheid

Samenvatting

Het *psychotherapeutische proces* wordt in zeven fasen behandeld, evenals de praktijk van het maken van een *holistische theorie* bij hoogbegaafdheid. De verbindende schakel tussen enerzijds diagnostiek van symptomen, hoogbegaafdheid en persoonlijkheid en anderzijds psychotherapie is de holistische theorie (casusconceptualisatie). Deze formuleert het geheel en hoe het algemene kerngedrag van de hoogbegaafdheid samenhangt met het kerngedrag van de specifieke persoonlijkheidstrekken. Verder worden de *functieanalyse* van het dubbele (algemene en specifieke) kerngedrag en de *betekenisanalyse* van het dubbele kernthema bij hoogbegaafdheid als opmaat tot het behandelplan genomen.

3.1 Het psychotherapeutische proces: de zeven fasen – 69
3.1.1 Fase 1 Probleeminventarisatie – 70
3.1.2 Fase 2 Voorlopige holistische theorie – 71
3.1.3 Fase 3 Getoetste holistische theorie – 71
3.1.4 Fase 4 Functieanalyse en betekenisanalyse – 71
3.1.5 Fase 5 Behandelplan en probleemselectie – 72

Ieder nadeel heb zijn voordeel – Johan Cruijff

© Bohn Stafleu van Loghum is een imprint van Springer Media B.V., onderdeel van Springer Nature 2020
A. Sprey, *Praktijkboek hoogbegaafdheid in psychotherapie*, https://doi.org/10.1007/978-90-368-2491-0_3

3.1.6	Fase 6 Uitvoering van de therapie – 73	
3.1.7	Fase 7 Evaluatie van de therapie – 73	

3.2 Handleiding voor het maken van een holistische theorie bij hoogbegaafdheid – 74
3.2.1 Kenmerken van een holistische theorie – 74
3.2.2 Het maken van een holistische theorie – 75

3.3 Keuze voor functieanalyse van het dubbele kerngedrag bij hoogbegaafdheid in combinatie met persoonlijkheidstrekken – 83

3.4 Betekenisanalyse en dubbel kernthema bij hoogbegaafdheid – 89

3.5 Van functieanalyse naar behandelplan en probleemselectie – 91

3.1 Het psychotherapeutische proces: de zeven fasen

Bij de psychotherapie van een hoogbegaafde cliënt met specifieke persoonlijkheidstrekken volgen we het psychotherapeutische proces in zeven fasen (Brinkman 1978; Schacht et al. 2007). Begonnen wordt met inventarisatie van de problemen: zowel de symptomen als de nadelen en de voordelen van de (vaak voor de cliënt vanzelfsprekende) kerngedragingen.

De therapeut maakt een schema van de *voorlopige* holistische theorie of casusconceptualisatie: hoe de symptomen (bijvoorbeeld angst) en de problemen in werk of relaties (bijvoorbeeld eenzaamheid en sociaal isolement) samenhangen met het kerngedrag van de hoogbegaafdheid en de persoonlijkheidstrekken, de jeugdervaringen en de leergeschiedenis. Hij betrekt de cliënt actief bij het zoekproces en confronteert hem op empathische wijze met de voorlopige holistische theorie.

Aan het eind van de diagnostische fase is de holistische theorie verder *getoetst* en zijn zowel kerngedragingen als symptoomgedragingen vastgesteld. Op grond van de functieanalyses van deze symptoomgedragingen en kerngedragingen worden (meerdere deel-) behandelplannen opgesteld en wordt de volgorde van behandelen bepaald. De behandeling van deze geselecteerde gedragingen wordt vervolgens uitgevoerd en daarna geëvalueerd. In het kader zijn de zeven fasen weergegeven.

> **De zeven fasen van het gedragstherapeutische proces**
> 1. Probleeminventarisatie
> 2. Voorlopige holistische theorie
> 3. Getoetste holistische theorie
> 4. Functieanalyse en betekenisanalyse van kerngedrag
> 5. Behandelplan met probleemselectie
> 6. Uitvoeringsfase therapie
> 7. Evaluatie

Psychotherapie is in het cognitief-gedragstherapeutische referentiekader halfgestructureerd en doelgericht, en kan procesmatig worden uitgevoerd volgens het zogenoemde gedragstherapeutische proces (Brinkman 1978; Schacht et al. 2007). Een van de kenmerken van cognitieve gedragstherapie is dat deze procesmatig en/of protocollair verloopt.

Door het succes van en de wetenschappelijke steun voor de protocollaire behandelingen wordt cognitieve gedragstherapie vaak ten onrechte als niet-procesmatig beschouwd. Cognitieve gedragstherapie is beide en bij persoonlijkheidsstoornissen en hoogbegaafdheid vooral procesmatig en halfgestructureerd. Door hun persoonlijkheidskenmerk van autonomie werken sterk gestructureerde protocollen bij hoogbegaafden niet, en de therapeut dient flexibel en soepel te zijn in de mate van sturing én volgen door een optimale (half-) structuur aan te brengen.

Een ander element van het gedragstherapeutische proces is de functieanalyse. In de cognitieve gedragstherapie gaan we ervan uit dat probleemgedrag door een leerproces een functie heeft gekregen, net als gezond en gewenst gedrag. Een functieanalyse is een hypothese over de factoren die het probleemgedrag uitlokken en in stand houden. Deze factoren kunnen voorafgaan aan (antecedent), tegelijk optreden met (concurrent) of volgen op (consequent) het probleemgedrag. Verder kenmerkt gedragstherapie zich doordat er gewerkt wordt met oefenopdrachten buiten de therapie (of dat er geprobeerd wordt om de cliënt daarvoor te motiveren) en dat er zo veel mogelijk gebruik wordt gemaakt van technieken die in empirisch onderzoek effectief gebleken zijn (evidence-based). De uitvoering van de behandeling wordt daarmee een experiment of de hypothese over het probleemgedrag klopt, en zo nodig wordt deze hypothese bijgesteld en weer in de therapie getoetst. Therapeutische verandering van gevoelens, gedachten en gedrag in de gewenste richting is dus de uiteindelijke toets of de functieanalyse klopt en of de behandeling op grond daarvan effectief is voor de beoogde verandering.

Het kerngedrag van een cliënt met (algemene) hoogbegaafdheid en specifieke persoonlijkheidstrekken is voor hem per definitie vanzelfsprekend, en de gedragingen en hun voor- en nadelen moeten meestal nog bewust worden gemaakt. *Toch* is het psychotherapeutische proces evengoed toepasbaar op het kerngedrag van een cliënt met hoogbegaafdheid in combinatie met (specifieke) persoonlijkheidstrekken, zoals snel en creatief oplossingen scheppen samen met het vermijden van gevoelens en sociale situaties bij de hoogbegaafde cliënt met vermijdende trekken.

Het gedragstherapeutische proces verloopt samengevat in zeven fasen (Brinkman 1978; Sprey 2015; Schacht et al. 2007). Bij hoogbegaafdheid in combinatie met persoonlijkheid begint de cognitieve gedragstherapeut met de probleeminventarisatie, de eerste fase van het gedragstherapeutische proces.

3.1.1 Fase 1 Probleeminventarisatie

In deze fase stelt de gedragstherapeut bij een cliënt met hoogbegaafdheid in combinatie met specifieke persoonlijkheidstrekken de comorbiditeit met symptoomgedrag vast, zoals angst-, stemmings- en eetstoornissen (▶ par. 2.3). Bovendien taxeert de gedragstherapeut interactiestoornissen in relaties, werk en vrije tijd, en met de therapeut, en hij beoordeelt of de cliënt eventueel een disfunctioneel beeld heeft van de ander en zichzelf.

Het is aan te raden om de cliënt actief te betrekken bij de probleeminventarisatie door hem als huiswerkopdracht zelfregistraties en tests in te laten vullen. Zelfwerkzaamheid in het algemeen en zelfregistratie of zelfreflectie in het bijzonder zijn vormen van operant gedrag, dat te leren is met behulp van leerprincipes, bijvoorbeeld positieve intermitterende (af en toe) bekrachtiging in de vorm van positieve aandacht en waardering door de therapeut bij een cliënt met vermijdende of dwangmatige trekken.

Topografische analyse en basisniveaumetingen

Een topografische analyse beschrijft in welke concrete en specifieke situaties het symptoomgedrag en het kerngedrag wel of niet optreden. Deze topografische analyse wordt gecombineerd met een basisniveaumeting. Een basisniveaumeting bepaalt hoe sterk en hoe vaak er momenteel sprake is van bepaalde gevoelens, gedragingen of gedachten. Het bepalen van het huidige niveau, het basisniveau, biedt de mogelijkheid om na de therapie te evalueren hoe de gevoelens, gedragingen en gedachten veranderd zijn. Bij een cliënt met hoogbegaafdheid in combinatie met persoonlijkheid is het belangrijk om het huidige basisniveau van het kerngedrag, het kenmerkende gevoel en de automatische gedachten te meten. Via zelfregistratie en een cognitief dagboek wordt de cliënt zich er bewust van hoe vaak zijn kerngedrag, gevoelens en opvattingen zich voordoen en hoe sterk ze zijn.

De psychotherapeut geeft de cliënt met bijvoorbeeld vermijdende trekken een registratieopdracht mee om het kerngedrag van het vermijden en het kerngevoel van angst of schaamte in te vullen. Daarnaast worden de uitlokkende gebeurtenis, de automatische gedachten met hun overtuigingskracht en de gevolgen genoteerd.

3.1.2 Fase 2 Voorlopige holistische theorie

Nadat samen met de cliënt de problemen en klachten geïnventariseerd zijn en ook de classificatie (het vaststellen) van hoogbegaafdheid in combinatie met persoonlijkheid met de cliënt besproken is, maakt de cognitieve gedragstherapeut een schema van de voorlopige holistische theorie. Met de probleemsamenhang of holistische theorie wordt voor de cliënt verhelderd wat het verband is tussen zijn symptoomgedrag, achtergrondproblemen, hoogbegaafdheid, kerngedrag en persoonlijkheidstrekken. De psychotherapeut zet de voorlopige holistische theorie op papier en vraagt de cliënt er thuis over na te denken en er de volgende zitting op te reageren.

3.1.3 Fase 3 Getoetste holistische theorie

Het verdiepend testen van algemene (vijffactoren-) trekken, temperament en persoonlijke copingstijl leidt tot getoetste diagnostische data, evenals het vaststellen van beperkingen in het persoonlijkheidsfunctioneren en van pathologische trekken. Deze data worden verwerkt in de getoetste holistische theorie. Hoe deze holistische theorie in de praktijk kan worden gemaakt, wordt in ▶ par. 3.2 uitgelegd.

3.1.4 Fase 4 Functieanalyse en betekenisanalyse

De topografische analyses van het symptoomgedrag en het kerngedrag leiden tot de functieanalyse van het kerngedrag en tot de betekenisanalyse van het kerngevoel. Bij hoogbegaafdheid in combinatie met persoonlijkheid gaat het om de functieanalyse van het kerngedrag, zoals snel oplossingen scheppen, in combinatie met vermijden bij de cliënt met vermijdende persoonlijkheidstrekken, met zich aanpassen en steun zoeken bij de cliënt met afhankelijke persoonlijkheidstrekken en met overmatig zijn best doen bij de cliënt met dwangmatige persoonlijkheidstrekken.

De psychotherapeut ordent de gegevens uit de basismeting in leerpsychologische termen in het schema van het driefactorenmodel (Orlemans et al. 1995), te weten de gedachten (COV), de gevoelens (CER) en het gedrag (CAR) die opgeroepen worden door de uitlokkende gebeurtenis (CS/Sd) en in stand gehouden worden door de voordelen en de nadelen van het gedrag, de gevolgen of de consequenties (C). De functieanalyse is een hypothese over de 'uitlokkers' en 'instandhouders' van het probleemgedrag en is op een hoger abstractieniveau geformuleerd dan de topografische analyse, die beschrijft in welke concrete situaties het probleemgedrag al dan niet optreedt. In ▶ par. 3.3 wordt de functieanalyse met voorbeelden uitvoerig besproken. De betekenisanalyse geeft aan op grond van welke betekenis een individu heeft geleerd om te reageren op een specifieke situatie of prikkel. Deze betekenisanalyse wordt in ▶ par. 3.4 behandeld. Op basis van de functieanalyse en de betekenisanalyse wordt het (deel)behandelplan gemaakt.

3.1.5 Fase 5 Behandelplan en probleemselectie

In het behandelplan worden de concrete doelen geformuleerd en de technieken gekozen om die doelen te bereiken. In ◘ tab. 3.1 staat een voorbeeld van de vijf aangrijpingspunten van het cognitief-gedragstherapeutische model met specifieke therapiedoelen voor een hoogbegaafde cliënt met narcistische persoonlijkheidstrekken. Verder staan per therapiedoel specifieke technieken vermeld die daarbij kunnen worden ingezet (zie ▶ par. 4.2). Deze specifieke therapiedoelen en technieken zijn op te vatten als concrete suggesties voor het maken van een behandelplan.

Omdat er bij hoogbegaafdheid sprake is van dubbel kerngedrag, namelijk algemeen (snel oplossingen scheppen) en specifiek (horend bij de twaalf persoonlijkheidstrekken) maken we een tweezijdig behandelplan. Zie voor het behandelplan van algemene hoogbegaafdheid ▶ par. 4.1.1 en voor het behandelplan van specifieke persoonlijkheidstrekken ▶ par. 4.1.2.

◘ **Tabel 3.1** Behandelplan bij narcistische trekken

aangrijpingspunt	therapiedoelen	technieken
uitlokkende gebeurtenis (CS/Sd)	– kwetsing – vernedering	– graduele blootstelling – voorlopige vermijding – stopregel
gedachten (COV)	– ik ben goed zoals ik ben, ook als ik gewoon ben – ik ben goed zoals ik ben, ook bij kritiek of kwetsing – gewoon zijn heeft voordelen – anderen zijn gelijkwaardig – als anderen kritisch of jaloers zijn, voelen zij zich gekwetst – anderen mogen kritiek hebben, daar kan ik mogelijk van leren	– continuümtechnieken – cognitief dagboek – historische toets
gevoel (CER)	– angst voor vernedering en gewoon zijn – woede voelen en ombuigen – tegenthema: zelfliefde	– neerwaartsepijltechniek – contraconditionering – relaxatie – hypnose – EMDR
gedrag (CAR)	– wederkerig gedrag – gewoon doen/zijn – terugkwetsen en devalueren – verminderen – voor jezelf leren opkomen zonder de ander te kwetsen	– gedragsexperimenten – rollenspel – zelfcontroletechnieken – assertiviteitstraining
gevolgen (C)	– nadelen vergroten – voordelen verkleinen	bewust maken en andere (zelf)bekrachtiging

In het behandelplan wordt ook een keuze gemaakt welke problemen in welke volgorde zullen worden aangepakt (*probleemselectie*). De wens van de cliënt telt zwaar mee, maar de psychotherapeut vult vanuit de holistische theorie de persoonlijkheidsproblemen aan. Ook voor de volgorde waarin de problemen aangepakt zullen worden, is een aantal richtlijnen te geven (Brinkman 1978):
1. de waarschijnlijkheidswaarde van het probleem; dat wil zeggen, in hoeverre cliënt en therapeut het eens zijn over het bestaan van het probleem;
2. de problematische waarde van het probleem voor de cliënt (vindt de cliënt het een probleem en hoeveel last heeft hij ervan);
3. de centraliteit van het probleem in de holistische theorie;
4. de behandelbaarheid van het probleem;
5. de concretiseerbaarheid van het probleem.

Weinig cliënten vragen direct hulp voor persoonlijkheidsverandering. Wel wanneer bijvoorbeeld de klachten al afgenomen zijn, maar de cliënt zich bewust is van de noodzaak tot structurele verandering, mogelijk doordat in het verleden vaak terugval is opgetreden. Zo recidiveert burn-out bij een hoogbegaafde met dwangmatige persoonlijkheidstrekken vaak. Om terugval te voorkomen dienen ook de dwangmatige persoonlijkheidstrekken behandeld te worden in combinatie met de hoogbegaafde persoonlijkheidstrekken.

3.1.6 Fase 6 Uitvoering van de therapie

Op grond van het therapieplan wordt de therapie uitgevoerd. Samen met de cliënt worden binnen en buiten de therapiezittingen technieken toegepast en in oefenopdrachten thuis of buitenshuis getraind. Door middel van zelfregistratie houdt de cliënt zijn veranderingen bij.

In ▶ par. 4.2 staan, geordend naar aangrijpingspunt, psychotherapeutische technieken beschreven die zijn aangepast aan hoogbegaafdheid.

3.1.7 Fase 7 Evaluatie van de therapie

Na de uitvoering van de therapie volgt de evaluatie. In deze fase worden de veranderingen in kerngedrag, kerngevoelens en kerngedachten vergeleken met het gemeten basisniveau daarvan en wordt geëvalueerd of de cliënt in de gewenste richting veranderd is. Hiervoor worden tests en zelfregistraties gebruikt.

Samengevat bestaat het gedragstherapeutische proces in hoofdlijnen uit vier delen:
I. de Classificatie en Diagnostiek (C&D – fase 1);
II. de gedragstherapeutische Analyse (A – fase 2 t/m 5);
III. de Therapie (T – fase 6);
IV. de Evaluatie (E – fase 7).

3.2 Handleiding voor het maken van een holistische theorie bij hoogbegaafdheid

3.2.1 Kenmerken van een holistische theorie

In deze paragraaf wordt een praktijkmodel behandeld van de holistische theorie of casusconceptualisatie (Sprey 2014b). Abstract gezegd komt er *input* in de vorm van een stimulus (S) of prikkel op iemand af en deze komt binnen in de persoon of het organisme (O betekent intra-organisme), waarna *output* naar buiten komt in de vorm van een reactie (R, een emotie of een gedraging) die gevolgen heeft (C, consequenten). Dit is het zogeheten SORC-model.

Het SORC-model vormt de *horizontale* lijn van het model van de holistische theorie. Dit model geeft zowel aan het kerngedrag als aan het symptoomgedrag of probleemgedrag de structuur van een functieanalyse. Beide gedragingen zijn dus de eenheid van (het maken van) een functieanalyse. Daarmee zijn meteen meerdere functieanalyses en meerdere deelbehandelplannen mogelijk voor de afzonderlijke kern- en symptoomgedragingen. Dit helpt enorm bij de *probleemselectiefase* en bij de volgorde van de uitvoering van de deelbehandelplannen.

De tijdsbalk vormt de *verticale* lijn van het model. Onderscheiden worden de categorieën 'vroeg', 'midden' en 'staart'. Deze driedeling berust op Orlemans et al. (1995). Boven staat *vroeg*: de leergeschiedenis, hoe het symptoomgedrag en het kerngedrag door conditionering zijn aangeleerd. Dit wordt ook wel de historische holistische theorie genoemd. Deze is ingedeeld in perioden van tien jaar.

Daaronder komt *midden*: de situaties van nu en het laatste jaar die op het kerngedrag inwerken. Dit zijn huidige en recente situaties van steun en stress. Onderaan staat *staart*: hierbij worden de specifieke uitlokker van het symptoom en de achtergrondstress in een functieanalyse verbonden met het huidige symptoomgedrag.

De voor- en nadelenbalans wordt negatiever en het functioneren wordt minder adequaat door het beginnen of verergeren van de symptomen, zoals depressief terugtrekgedrag of angstig vermijdingsgedrag. Vaak komen cliënten dan in onderzoek voor psychotherapie. Hun symptoomgedrag krijgt dan namelijk boven op de nadelen van het kerngedrag meer nadelen en minder voordelen; zij komen qua energie 'in het rood' te staan.

De korte definitie van hoogbegaafdheid als hoogfrequent, transsituationeel en transtemporeel kerngedrag van snel en creatief oplossingen scheppen wordt in dit model van een holistische theorie geïntegreerd (◘ tab. 3.2). Verticaal is de tijdslijn of het transtemporele aspect ondergebracht en horizontaal in de categorie 'midden' het transsituationele.

De O-factor is in te vullen met de persoonlijke copingstijl, de algemene trekken van het vijffactorenmodel, de twaalf groepen persoonlijkheidstrekken van de DSM-5-classificatie, de pathologische trekken volgens de DSM-5, de kerncognities (Beck) en de schema's (Young), het kernthema, het temperament, het persoonlijkheidsdisfunctioneren volgens de DSM-5 (identiteit, zelfsturing, empathie en intimiteit), de somatiek en de intelligentie. Daarmee wordt de dimensionele DSM-5 opgenomen in de holistische theorie. Het maken van een holistische theorie vereist systematiek en een volgorde bij het invullen van de cellen. Deze volgorde wordt weergegeven in ◘ tab. 3.3. In de volgende subparagraaf worden deze drie rijen of stappen uitgewerkt.

3.2 · Handleiding voor het maken van een holistische theorie bij hoogbegaafdheid

Tabel 3.2 Algemeen model van een holistische theorie bij hoogbegaafdheid en persoonlijkheidstrekken

	S	O	R	C
vroeg	– trauma – steun – modellen – eenzijdige (leer)situaties	O	emotionele / gedragsmatige reactie	voor-/nadelen (bekrachtigingen)
midden	– stress – steun	O	– kerngedrag – algemene hoogbegaafdheid i.c.m. kerngedrag van specifieke persoonlijkheidstrekken	voor-/nadelen
staart	specifieke symptoomuitlokker	O	symptoomgedrag/probleemgedrag	voor-/nadelen

Tabel 3.3 Volgorde bij het maken van een holistische theorie

I. staart	R	>	S	>	C	>	O
II. vroeg	S	>	R	>	C	>	O
III. midden	R	>	S	>	C	>	O

3.2.2 Het maken van een holistische theorie

Casus Madeleine Leclerc

Madeleine Leclerc is 45 jaar en meldt zich aan met het verzoek om een persoonlijkheidsanalyse bij reeds eerder vastgesteld hoogbegaafdheid naar aanleiding van klachten van depressieve aard. Cliënt is opgegroeid in Zuid-Limburg als oudste in een groot katholiek gezin. Haar jeugd werd overschaduwd door de ziekte van haar vader, bij wie toen zij twaalf jaar was de diagnose multiple sclerose gesteld werd. Haar jongste zusje heeft het syndroom van Down. Tot overmaat van ramp moest haar broer onder haar na een ernstig auto-ongeluk langdurig revalideren. Als oudste zorgde zij veel voor de 'kleintjes'. Altijd voelde zij spanning en een onderliggende angst voor het ziektebeloop van haar vader.

Cliënt heeft rechten gestudeerd en daarna de Gerrit Rietveld Academie voltooid. Zij heeft uitbundig genoten van het studentenleven, maar voelde zich toch vaak een eenling en anders. Als medewerker van een groot juridisch kantoor functioneerde zij uitstekend door haar empathie en haar intelligentie. Hier leerde zij haar man kennen, een weduwnaar met twee kinderen. Na de geboorte van hun eerste kind stopte zij met werken. Haar man is directeur van een groot bedrijf, en ze hebben het goed samen, ook in materieel opzicht. Zij beschrijft hem als stabiel, loyaal en opgewekt. Toch begrijpt hij haar intensiteit en hoogsensitiviteit niet van binnenuit.

> Wat haar al een tijdje bezighoudt, is haar hoogbegaafdheid, haar intensieve manier van voelen en reageren, en haar hoge tempo van denken. Op haar 23ste was ze korte tijd lid van Mensa (vereniging voor hoogbegaafden). Hier vond zij geen aansluiting, omdat zij de leden vaak te introvert vond. Wel vond ze de bevestiging van haar hoge IQ prettig. Nu zoekt zij therapie voor haar depressieve klachten en om voor zichzelf duidelijk te krijgen wat zij als zinvol en creatief werk in de toekomst zou kunnen doen.

Op de geestelijkgezondheidsmeetlat (zie ▶ par. 2.4.4) scoort zij 1-1-1-2; zij is dus een gezond persoon, die alleen op intimiteit matige beperkingen (2) heeft wat betreft onvoldoende wederkerigheid in intieme relaties; zij heeft de gevende positie, zonder steun, aandacht en begrip terug te krijgen, en in vriendschappen ervaart zij geen diepe verbondenheid. Verder heeft ze alle tien de kenmerken van hoogbegaafdheid.

Haar vijffactorenprofiel is Ng E+ O+ A+ C+. Zij is gemiddeld emotioneel stabiel en hoog open, extravert, vriendelijk en consciëntieus. Beschrijvend heeft zij dwangmatige en histrionische trekken met klachten van een lichte depressieve stoornis en intimiteitsproblemen plus creatieve stagnatie.

Met een score van 81 van 100 op de screener van Aron (2002) is er duidelijk sprake van hooggevoeligheid. Wat betreft de Schema-Vragenlijst scoort ze hoog op zelfopoffering, en meedogenloze normen en veeleisendheid zijn verhoogd. Op de RSES scoort ze hoog op gevoel van zelfwaardering, wat wijst op hoog zelfvertrouwen. Op de verkorte pathologische-trekkenschaal (PID-5) zijn er geen uitschieters, wat betekent dat ze geen pathologische trekken heeft.

De casus Madeleine wordt in ◘ fig. 3.1 in het schema van de holistische theorie geordend.

Hieronder wordt het maken van een holistische theorie verder geïllustreerd aan de hand van deze casus.

- **I. Staart**

We beginnen met de cel 'R-staart', dat is het *symptoom-/probleemgedrag*. We beschrijven daar alle gevonden en vastgestelde (diagnosen van) symptoomstoornissen in termen van gedrag.

Mogelijke categorieën van symptoomgedrag zijn:
- angstig vermijdingsgedrag;
- agressief aanvallend gedrag;
- depressief terugtrekgedrag;
- bipolair toenaderings- of aanvallend gedrag;
- verslavingstoenaderingsgedrag (verslavingen, eetstoornissen, parafilieën);
- prikkelvermijdend gedrag (chronischevermoeidheidssyndroom (CVS) en burn-out);
- hyperactief, afleidbaar gedrag (ADHD);
- bipolair toenaderingsgedrag;
- psychotisch gedrag.

Mogelijke categorieën van probleemgedrag zijn:
- hechtingsproblemen;
- partnerkeuzeproblemen;
- partnerrelatieproblemen;

3.2 · Handleiding voor het maken van een holistische theorie bij hoogbegaafdheid

	S	O	R (CER/CAR)	C
VROEG		Leergeschiedenis		
0–10 jr	oudste kind zus Down broer ongeluk school gaat moeiteloos, maakt indruk	hoogbegaafd	zorgen voor aanpassen	+ waardering – uitputting + waardering – te veel gericht op anderen
10–20	12 vader MS extravert en vlot op school en als student 18 rechtenstudie		indruk maken	+ bewonderende aandacht – te extern gericht
20–30	kunstacademie 23 Mensa-lid werk op juridisch kantoor	creatief	snel en creatief oplossingen scheppen	+ waardering, + acceptatie – te zelfstandig – anderen voor zijn
30–40	huwelijk samengesteld gezin eerste kind huisvrouw	zelfopoffering		
40–50	45 huisvrouw	behoefte aan diepgang en intimiteit	depressief terugtrekgedrag	+ energiebesparing + bezinning – piekeren, stress – alleen voelen
MIDDEN	Stress of steun, verwacht of reëel	Coping, trekken, kerncognities, etc.	Kerngedrag	Balans van voor-(+) en nadelen (–)
	Stress 1. ziekte in familie 2. verlating 3. genegeerd worden	*Copingstijl* proactief compensatie overgave *Pathologische trekken DSM-5* geen *Algemene DSM-5-trekken*	1. zorgen voor 2. aanpassen 3. indruk maken	+ waardering – uitputting + waardering – te veel gericht op anderen + bewonderende aandacht – te extern gericht

🔲 **Figuur 3.1** Voorbeeld van een holistische theorie bij een hoogbegaafde cliënt

		4. boeiende situatie	histrionische en dwangmatige trekken	4. snel en creatief oplossingen scheppen	+ waardering, + acceptatie − te zelfstandig − anderen voor zijn
		Steun Man	*Vijf factoren* N−E+O+A+C+ HB+HSP+		
			Kerncognities/ Schema's zelfopoffering affectief tekort kwetsbaar voor ziekte hoge eisen		
			Kernthema ziekte in familie		
STAART	Specifieke symptoomuitlokker	aandacht zoeken		Symptoomgedrag	Balans van voor- en nadelen
	Specifieke symptoomuitlokker midlife en geen zinvol werk, gebrek aan intimiteit	*Interactiediagnose* boven/samen overmatig en ambivalent gehecht	5. depressief terugtrekgedrag	+ energiebesparing + bezinning − piekeren, stress − alleen voelen	
		Temperament NS+HA−RD+ histrionisch temperament	6. intimiteitstekort	+ eigen wensen + nieuwe relatiedoelen	
	Achtergrondstress ziekte in gezin van herkomst		7. creatieve stagnatie	+ nieuwe levensdoelen + bezinning − frustratie, stress	
		Persoonlijkheidsdis- functioneren identiteit 1 zelfsturing 1 empathie 1 intimiteit 2			
		Somatiek geen			
		Intelligentie hoog			

◘ Figuur 3.1 Vervolg.

3.2 · Handleiding voor het maken van een holistische theorie bij hoogbegaafdheid

- werkkeuzeproblemen;
- creatieve stagnatie;
- problemen met het vinden van vrienden;
- relationele problemen op het werk.

Als tweede stap nemen we de situaties (S) waarin het symptoom-/probleemgedrag optreedt. De gevolgen (C) zijn de derde stap; dit zijn de voor- en nadelen van het symptoom-/probleemgedrag. Deze zijn onder te verdelen in gevolgen binnen de persoon, zoals angstreductie, en gevolgen vanuit de omgeving, zoals steun of afwijzing. De vierde stap is het invullen van de vele categorieën van de O, het binnen de persoon aanwezige. Zie ▶ par. 3.2.1 voor de beschrijving van de O-factor van persoonlijke copingstijl tot en met de intelligentie.

De volgorde van invullen samengevat: R > S > C > O (zie voor een voorbeeld ◘ tab. 3.4).

Aandachtspunten bij het invullen van de staart:
- gebruik steekwoorden;
- werk horizontaal (verticaal idee even 'parkeren');
- er zijn vaak meerdere gedragingen van symptoomgedrag; een vuistregel is één tot vier;
- het onderscheid tussen kern- en symptoom-/probleemgedrag kan moeilijk zijn, maar maak een keuze;
- zet je diagnostische bevindingen die voor de cel O-staart en O-midden identiek zijn, in de O-factor, zie ook stap III. Midden.

■ II. Vroeg

We starten met de cel 'S-vroeg' en vullen alle situaties in die de persoon in zijn ontwikkeling hebben beïnvloed. Dit zijn de voorbeelden van vader, moeder en grootouders (modeling), het gedrag van broers en zussen tegenover de cliënt, de trauma's en de piekervaringen, de stress en de steun, het gedrag van leeftijdsgenoten op school of collega's op het werk tegenover de cliënt, en het gedrag van vrienden en later van partners en kinderen. Deze leergeschiedenis wordt onderverdeeld in perioden van tien jaar tot aan het heden.

De tweede stap is het invullen van de cel 'R-vroeg', het reageren met gevoel en gedrag, met symptomen en met kerngedrag in ontwikkeling. De derde stap zijn de gevolgen (C) van het op die wijze reageren. Hier worden de patronen van bekrachtiging zichtbaar, evenals het overmatig of te weinig leren van specifiek kerngedrag (zie ook Beck, ▶ par. 2.6). De vierde stap is het invullen van de vele categorieën van de O, het binnen de persoon aanwezige.

De volgorde samengevat: S > R > C > O (zie voor een voorbeeld ◘ tab. 3.5).

Aandachtspunten bij het invullen van vroeg:
- Zijn er lacunes in de leergeschiedenis die nog moeten worden nagevraagd?
- Is aanvullend anderoordeel nodig, bijvoorbeeld over de ontwikkeling?
- Gebruik steekwoorden.
- Werk horizontaal (verticaal idee even 'parkeren').

Tabel 3.4 Voorbeeld van een rij 'staart' volgens het SORC-model

S	O	R (symptoomgedrag)	C
Stress 1. ziekte in familie 2. verlating 3. genegeerd worden 4. boeiende situatie	*Copingstijl* proactief compensatie overgave	5. depressief terugtrekgedrag	+ energiebesparing + bezinning − piekeren, stress − alleen voelen
	Pathologische trekken DSM-5 geen	6. intimiteitstekort	+ eigen wensen + nieuwe relatiedoelen
Steun man	*Algemene DSM-5-trekken* histrionische en dwangmatige trekken	7. creatieve stagnatie	+ nieuwe levensdoelen + bezinning − frustratie, stress
	Vijf factoren N−E+O+A+C+ HB+HSP+		
	Kerncognities/Schema's zelfopoffering affectief tekort kwetsbaar voor ziekte hoge eisen		
	Kernthema ziekte in familie aandacht zoeken		
	Interactiediagnose boven/samen overmatig en ambivalent gehecht		
	Temperament NS+HA−RD+ histrionisch temperament		
	Persoonlijkheidsdisfunctioneren identiteit 1 zelfsturing 1 empathie 1 intimiteit 2		
	Somatiek geen		
	Intelligentie hoog		

3.2 · Handleiding voor het maken van een holistische theorie bij hoogbegaafdheid

Tabel 3.5 Voorbeeld van een rij 'vroeg' volgens het SORC-model

S	O	R (kerngedrag i.o.)	C
oudste kind zus met Down broer ongeluk school gaat moeiteloos, maakt indruk	hoogbegaafd	zorgen voor	+ waardering − uitputting
		aanpassen	+ waardering − te veel gericht op anderen
12 vader MS extravert en vlot op school en als student		indruk maken	+ bewonderende aandacht − te extern gericht
18 rechtenstudie kunstacademie	creatief	snel en creatief oplossingen scheppen	+ waardering + acceptatie − te zelfstandig − anderen voor zijn
23 Mensa-lid werk op juridisch kantoor huwelijk samengesteld gezin eerste kind	zelfopoffering		
45 huisvrouw		depressief terugtrekgedrag	+ energiebesparing + bezinning − piekeren, stress − alleen voelen

- **III. Midden**

In deze rij wordt eerst de cel 'R-midden', het *kerngedrag*, ingevuld. Naast het algemene hoogbegaafde kerngedrag van creatief oplossingen scheppen zijn er vaker meerdere specifieke kerngedragingen die gescreend en vastgesteld dienen te worden (zie ook ▶ par. 2.4.2, 2.6 en 3.3). Als tweede stap geven we aan welke situaties deze kerngedragingen in rangorde van afnemende frequentie uitlokken. Een goede vuistregel is om een tot drie specifieke kerngedragingen (top 3) op te nemen in de holistische theorie. In de derde stap wordt bepaald welke gevolgen (C) de kerngedragingen hebben (zie ▶ par. 3.3). De vierde stap is het invullen van de vele categorieën van de O, het binnen de persoon aanwezige. Zie hierboven de beschrijving van de O-factor van persoonlijke copingstijl tot en met de intelligentie.

De volgorde van invullen samengevat: R > S > C > O (zie voor een voorbeeld ◘ tab. 3.6).

Aandachtspunten bij het invullen van midden:
− Gebruik steekwoorden.
− Er zijn vaak meerdere kerngedragingen; een vuistregel is 1-3 (maximaal 4).
− Bij hoogbegaafdheid hoort het kerngedrag van snel en creatief oplossingen scheppen.
− Kern- en symptoom-/probleemgedrag kunnen moeilijk te onderscheiden zijn.
− Doorloop de vele categorieën van de O-factor die voor de cel O-midden en O-staart identiek zijn, zie ook stap I.
− Holistische theorie, functieanalyses en (deel)behandelplannen.

Tabel 3.6 Voorbeeld van een rij 'midden' volgens het SORC-model

S	O	R (kerngedragingen)	C
Stress 1. ziekte in familie 2. verlating 3. genegeerd worden 4. boeiende situatie *Steun* man	*Copingstijl* proactief compensatie overgave *Pathologische trekken* DSM-5 geen *Algemene DSM-5-trekken* histrionische en dwangmatige trekken *Vijf factoren* N− E+ O+ A+ C+ HB+ HSP+ *Kerncognities/schema's* zelfopoffering affectief tekort kwetsbaar voor ziekte hoge eisen *Kernthema* ziekte in familie aandacht zoeken *Interactiediagnose* boven/samen overmatig en ambivalent gehecht *Temperament* NS+ HA− RD+ histrionisch temperament *Persoonlijkheidsdisfunctioneren* identiteit 1 zelfsturing 1 empathie 1 intimiteit 2 *Somatiek* geen *Intelligentie* hoog	1. zorgen voor 2. aanpassen 3. indruk maken 4. snel en creatief oplossingen scheppen	+ waardering − uitputting + waardering − te veel gericht op anderen + bewonderende aandacht − te extern gericht + waardering + acceptatie − te zelfstandig − anderen voor zijn

In de casus Madeleine Leclerc zijn zeven functieanalyses gegeven, van:
1. Zorgen voor
2. Aanpassen
3. Indruk maken
4. Snel en creatief oplossingen scheppen
5. Depressief terugtrekgedrag
6. Intimiteitstekort
7. Creatieve stagnatie

Hiermee zijn zeven (deel)behandelplannen te formuleren; voor het symptoomgedrag 5 is een protocol beschikbaar (Keijsers et al. 2011) en voor het kerngedrag 1, 2, 3 en 4: zie de behandelplannen in ▶ par. 4.1.1 en 4.1.2.

3.3 Keuze voor functieanalyse van het dubbele kerngedrag bij hoogbegaafdheid in combinatie met persoonlijkheidstrekken

Dubbel kerngedrag is een belangrijk concept bij hoogbegaafdheid. Hoogbegaafdheid impliceert algemeen kerngedrag in combinatie met specifieke persoonlijkheidstrekken en specifiek kerngedrag. Het algemene kerngedrag van hoogbegaafden is het snel en creatief oplossingen scheppen en dat wordt gekleurd door de *specifieke* persoonlijkheidstrekken, bijvoorbeeld vermijdende of dwangmatige trekken.

In ◘ fig. 3.2 wordt de functieanalyse van algemene hoogbegaafdheid getoond.

■ **Commentaar**

Naast de inhoud is bij de algemene functieanalyse van hoogbegaafdheid vooral het *proces* van voelen en het *proces* van denken van belang. De inhoud van gedachten en gevoelens wordt gekleurd door de functieanalyse van specifieke persoonlijkheidstrekken.

In ◘ tab. 2.10 is het kerngedrag van de specifieke persoonlijkheidstrekken weergegeven. Zo is dat bij de cliënt met histrionische trekken overdrijven en charmeren, bij de cliënt met schizoïde trekken afstand houden en bij de cliënt met vermijdende trekken het vermijden van gevoelens of sociale situaties. Dit kerngedrag heeft een duidelijke functie. Een functieanalyse is een hypothese over zowel de uitlokkende als de in stand houdende factoren van bepaald gedrag en bij persoonlijkheidstrekken van het bij deze trekken behorende kerngedrag. Hier worden de functieanalyses van dwangmatige en narcistische persoonlijkheidstrekken geïllustreerd.

uitlokkende gebeurtenis
(CS/Sd)

denkproces
snel, complex,
hoogassociatief/
divergerend en autonoom

complexe en boeiende
situatie
(boeiend of nieuwsgierig
makend)

gedachten
(COV)
– ik ben autonoom,
sneldenkend en creatief
– ik ben anders dan anderen
– ik ben nieuwsgierig en heb
vele en intense interesses
– ik ben verantwoordelijk
– ik moet competent zijn
– alles moet perfect en
rechtvaardig verlopen
– ik wil dingen (de wereld)
verbeteren
– ik wil eerlijk en
rechtvaardig zijn (of ben
gedesillusioneerd)
– ik ben slimmer maar mis
vaardigheden op sociaal,
sportief of kunstzinnig
gebied
– voor mij gelden andere
regels
– anderen zijn anders,
slimmer of minder slim,
jaloers of bewonderend,
meer sociaal of sportief
– gewoon zijn en gewoon
meedoen is voor mij niet
bereikbaar
– ik ben een uitzondering en
hoor er niet bij
– anderen sluiten mij buiten
– anderen mogen mij niet
– anderen vinden mij raar

gevoelsproces
intens, meestal sterk
prikkelgevoelig en
hoogsensitief

gevoel
(CER)
gedreven, intense opwinding,
stress, faalangst

gedrag
(CAR)
snel en creatief oplossingen
scheppen

gevolgen
(C)
voordelen
+C+ trots, zelfwaardering
+C+ waardering, acceptatie,
bewondering van de
omgeving
+C+ bevrediging, flow, kick
+C+ schepping
–C– saaiheid neemt af

nadelen
–C+ er minder bij horen
–C+ anderen haken af
+C– negatieve reacties
vanuit de omgeving,
onzekerheid, jaloezie,
ergernis
0C+ geen tegenspel
+C– sociaal isolement
+C– onbegrip
+C– haast, ongeduld
+C– stress, moe
+C– frustratie, onvrede

◘ **Figuur 3.2** Functieanalyse (algemeen) van hoogbegaafdheid

3.3 · Keuze voor functieanalyse van het dubbele kerngedrag

> **Casus Janneke van Doorn**
>
> Janneke van Doorn is veertig jaar en meldt zich aan met burn-outklachten. Zij is extreem bezorgd voor haar kinderen, een tweeling van tien jaar, die na haar scheiding afwisselend bij haar en haar ex-man woont. Ook heeft ze moeite haar eetpatroon (eetbuien) en drankgebruik onder controle te krijgen, terwijl ze op ander gebied juist heel gedisciplineerd is. Soms wordt zij overweldigd door vage angsten.
> Cliënt is opgegroeid als enig kind van een wat oudere vader met een bipolaire stoornis, die periodiek explosief agressief is. Hij was bankdirecteur en gevreesd om zijn ongeduld en scherpte. Haar moeder, huisvrouw, kon weinig tegenspel bieden en ook niet zorgen voor structuur in het gezin. Zij idealiseerde de gezinnen van haar vriendinnen.
> Janneke was goed op haar plaats in het Montessori-onderwijs. Zij had haar taken ruimschoots op tijd en vrijwel foutloos af. Er bleef dan tijd over voor haar passie voor striptekenen. Door faalangst scoorde zij laag op de Cito-toets, maar kreeg toch een gymnasiumadvies.
> Ogenschijnlijk combineerde zij haar schoolwerk moeiteloos met turnen op hoog niveau. In feite was deze combinatie echter te zwaar, en mede door de stress in het gezin werd zij in de eindexamenklas overspannen. Ze kreeg vrijstelling van aanwezigheid in de lessen, maar heeft met thuisstudie haar eindexamen glansrijk gehaald. Zij koos niet voor de universiteit, maar voor de pabo-opleiding, omdat ze het veilig vond dat die meer structuur had. Zij ervaarde de pabo-opleiding als beneden peil en besloot na haar diploma met een zeer goede vriendin een sieradenwinkel te beginnen. Dit werd een groot succes, mede door haar creativiteit en smaak.

Het gedrag van cliënten met dwangmatige trekken wordt gekenmerkt door overmatig hun best doen. Bij een (dreigend, verbeeld of feitelijk) falen (uitlokkende gebeurtenis, CS/Sd) gaat deze cliënt zich angstig, geïrriteerd, schuldig en somber voelen (CER), denken dat zij verantwoordelijk en competent zijn en dat anderen slordig zijn, en als er iets fout gaat is dat een ramp en hun schuld (COV's). Deze gedachten waarmee zij tegen falen aankijken, leiden ertoe dat zij erg hun best gaan doen. De gevolgen of consequenties (C) houden het gedrag in stand en bekrachtigen of versterken het perfectionistische gedrag: cliënten met dwangmatige persoonlijkheidstrekken krijgen waardering en zelfwaardering, een positief gevolg dat toeneemt (+C+), en vermijden kritiek en falen, een negatief gevolg dat afneemt (–C–). Door deze voordelen kan dwangmatig gedrag 'verslavend' worden en blijven bestaan en steeds sterker worden. Deze vicieuze cirkel kan soms door een gunstige omgeving doorbroken worden. Vaker is een langdurige psychotherapie nodig. In ◘ fig. 3.3 wordt het voorgaande samengevat.

☐ **Figuur 3.3** Functieanalyse van dwangmatige persoonlijkheidstrekken

Casus Remco Gaafsma

Remco Gaafsma is twee jaar geleden afgestudeerd aan de universiteit. Hij komt in behandeling voor een gegeneraliseerde-angststoornis. Hij is moe, lichamelijk gespannen en piekert chronisch over bijna alles. Zijn zelfbeeld is kritisch. Hij heeft het gevoel veel te kunnen, een grootse toekomst tegemoet te gaan, maar dat niet in de praktijk te bewijzen. Hij vindt zichzelf serieus, en hij houdt van filosofische en diepe gesprekken. Wanneer hij solliciteert, wordt hij telkens niet aangenomen, en dat geeft hem steeds weer een gevoel van vernedering. Wanneer de therapeut in een rollenspel kijkt naar zijn opstelling, is zijn gedrag ronduit devaluerend. Hij stelt zich uit de hoogte

3.3 · Keuze voor functieanalyse van het dubbele kerngedrag

> op en neemt tegenover de mensen uit de sollicitatiecommissie de houding aan van: 'Het is toeval dat jullie aan de andere kant van de tafel zitten, ik had er evengoed kunnen zitten. Toevallig zijn jullie binnen en ben ik nog buiten.' Hij komt bijzonder kritisch over. Hij wil na afwijzing zelfs gaan klagen over de procedure. Omdat deze interactie bij het solliciteren zich de laatste twee jaar zo vaak heeft herhaald, is hij ook depressief geworden. Hij staat meer open voor feedback van de therapeut. Deze bespreekt het gedrag en de betekenis van het devalueren. De herhaalde afwijzing bij het solliciteren roept een kernthema van vernedering op. Cliënt reageert met trots, maar ook met jaloezie, en vanuit dit gevoel gaat hij de ander devalueren. Bewondering die hij voor zichzelf koestert, remt het kernthema van de vernedering. Een van de gevolgen van het devalueergedrag is dat de omgeving negatief reageert. De sollicitatiecommissie zit niet te wachten op een lastige medewerker, die ook sterk narcistisch is, en gebruikt haar macht om hem af te wijzen. De waardering en bewondering voor de talenten, die deze academicus zeker bezit, blijven uit, en zijn woede, frustratie en op de lange termijn ook depressiviteit nemen toe (zie functieanalyse in ◻ fig. 3.4). In gedachten vindt hij dat anderen hem moeten bewonderen en geen kritiek op hem mogen hebben. Ook vindt hij zichzelf zo bijzonder dat hij recht heeft op een speciale behandeling en net zo goed zonder sollicitatieprocedure aangenomen zou kunnen worden.

■ Commentaar

De hoogbegaafde cliënt met narcistische trekken heeft als kerngedrag het zichzelf verheffen en de ander devalueren. Dit leidt tot het gebruikmaken van of rivaliseren met de ander. Dit gedrag wordt enerzijds opgeroepen door bewondering, anderzijds door echte of vermeende kwetsing. Bewondering roept een gevoel van trots op en kwetsing gevoelens van woede en afgunst. De gedachten van de cliënt met narcistische persoonlijkheidstrekken zijn dat hij zelf uniek en bijzonder is, en superieur ten opzichte van anderen. Deze zijn minder dan hij en jaloers op zijn speciale status. Hij hoeft zich niet aan de regels te houden en heeft recht op een bijzondere behandeling, ook in de therapie. Dit gevoel en deze gedachten leiden tot het gedrag van devalueren. Dit gedrag heeft als voordeel dat zijn uniciteit en superioriteit bevestigd worden en dat hij het vermijdt om gekwetst te worden. De nadelen zijn dat de omgeving vaak negatief reageert en dat hij steeds afhankelijker wordt van de bewondering van zichzelf en anderen, waardoor hij steeds meer moet compenseren, zijn woede toeneemt en hij op lange termijn eventueel depressief wordt. Wanneer de voordelen sterker zijn dan de nadelen versterken deze gevolgen het kerngedrag en houden dit in stand. In ◻ fig. 3.4 wordt de functieanalyse van narcistische persoonlijkheidstrekken in algemene termen getoond.

Zie voor de twaalf verschillende groepen persoonlijkheidstrekken of persoonlijkheidsstoornissen van DSM-5 ▶ par. 2.4.2. Iedere persoon heeft persoonlijkheidstrekken, meestal ook een mengsel van verschillende trekken. Pas wanneer persoonlijkheidstrekken sterk en eenzijdig worden en een sterke negatieve

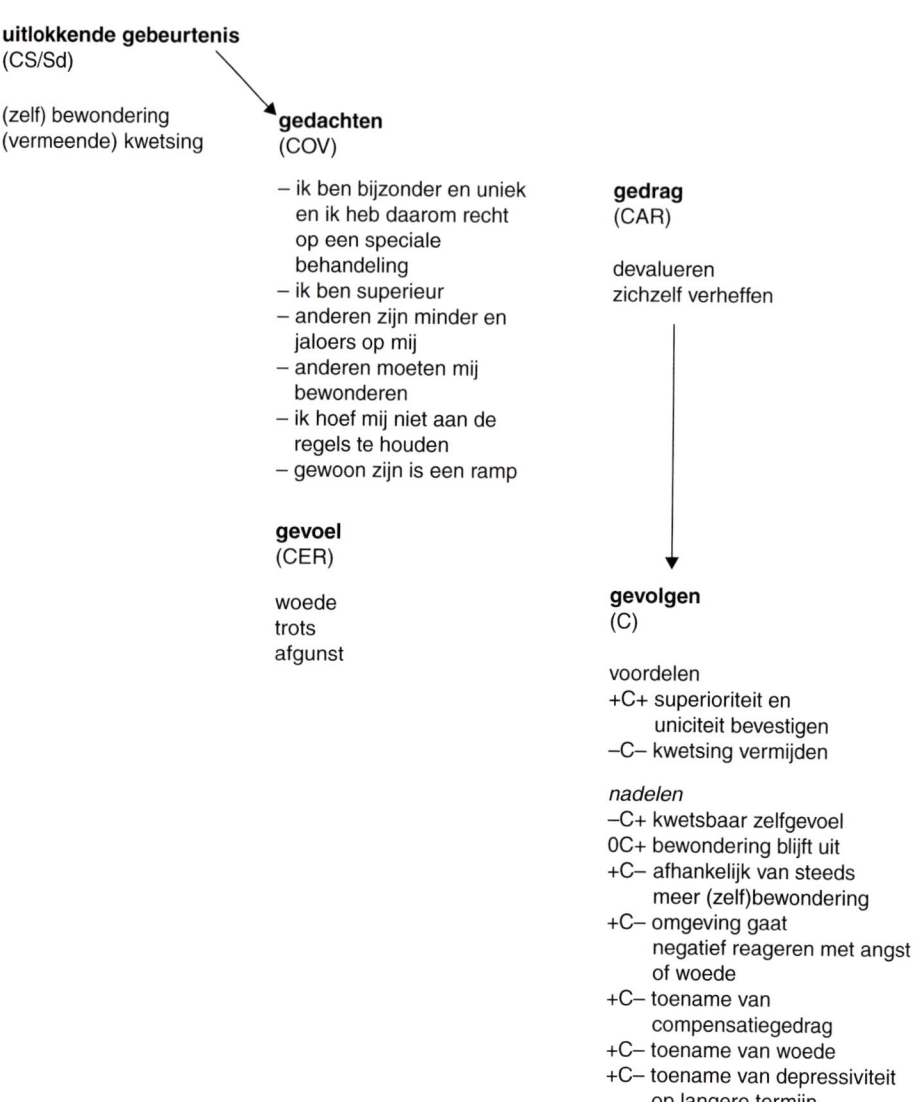

☐ **Figuur 3.4** Functieanalyse van narcistische persoonlijkheidstrekken

voor-/nadelenbalans hebben, gaan de trekken over in een persoonlijkheidsstoornis (zie Millon ▶ par. 2.4.1). Er loopt dus een continuüm van persoonlijkheidstrek naar persoonlijkheidsstoornis, en er is geen duidelijk onderscheid.

Omdat veel persoonlijkheidsstoornissen 'mengbeelden' zijn, hebben deze meerdere kerngedragingen die in de realiteit met verschillende frequenties voorkomen. Een praktische aanbeveling is een rangorde te maken van de kerngedragingen qua frequentie. Richt je dan op een top drie of maximaal een top vier van kerngedragingen. Het zijn kerngedragingen waarmee je in de behandeling en de therapeutische relatie te maken krijgt en die elk een functieanalyse en een (deel)behandelplan nodig hebben. Bijvoorbeeld: een cliënt heeft vermijdende, depressieve en narcistische trekken en een top drie van overeenkomstige kerngedragingen in aflopende frequentie.

3.4 · Betekenisanalyse en dubbel kernthema bij hoogbegaafdheid

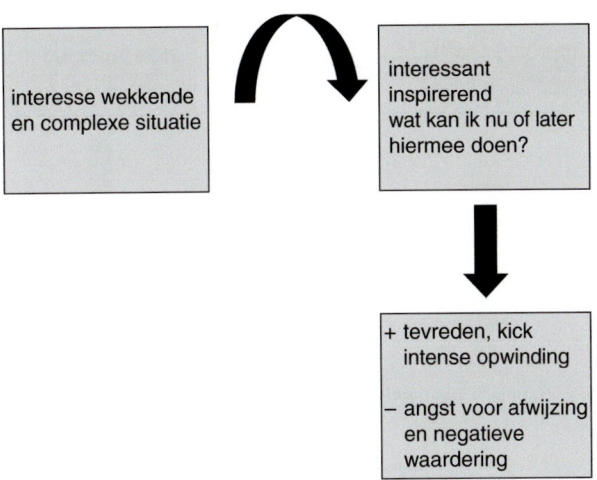

Figuur 3.5 Betekenisanalyse (algemeen) van hoogbegaafdheid

3.4 Betekenisanalyse en dubbel kernthema bij hoogbegaafdheid

Het menselijk organisme reageert betekenisvol op een betekenisvolle situatie (definitie van leren volgens Hermans et al. (2018)). Waarom de een steeds antisociaal en agressief reageert en de ander onderdanig en afhankelijk is te begrijpen vanuit het temperament, de leergeschiedenis en de huidige cognities en de persoonlijkheidstrekken van het individu. Door vele overeenkomstige ervaringen is er een kernthema opgebouwd (Korrelboom en Kernkamp 1993). Dit is een samenvattend 'verbaal label' dat aangeeft welk soort emotionele ervaring meerdere malen is opgetreden en in het emotionele geheugen is opgeslagen (Lang 1985).

De betekenisanalyse van hoogbegaafdheid in het algemeen wordt getoond in fig. 3.5.

De casus Remco Gaafsma in ▶ par. 3.3 is een illustratie van de veralgemeniseerde betekenisanalyse van specifieke narcistische persoonlijkheidstrekken. Dit is een cliënt met narcistische persoonlijkheidstrekken die in zijn verleden vaak vernedering heeft ervaren. Dit kernthema van vernedering doet hem met woede reageren bij elke vermeende kwetsing of wanneer hij niet met alle egards behandeld wordt en de verwachte bewondering uitblijft. Bewondering is dan een inhiberende stimulus, een situatie die het kernthema van vernedering in het emotionele geheugen ervan weerhoudt om te ontvlammen. Kwetsing daarentegen is een exciterende prikkel, die via het opwekken en aanjagen van het kernthema van de vernedering leidt tot een gevoel van woede en rivaliserend en devaluerend gedrag (Korrelboom en Ten Broeke 2004). In fig. 3.6 wordt de veralgemeniseerde betekenisanalyse van narcistische persoonlijkheidstrekken getoond.

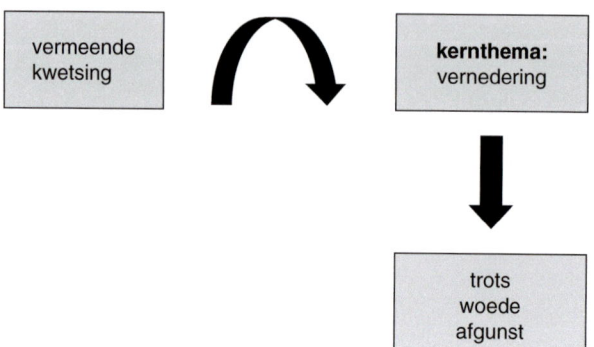

☐ **Figuur 3.6** Betekenisanalyse van narcistische persoonlijkheidstrekken

Casus Piet van Asten

Piet van Asten is begin vijftig en hoofd van de boekhouding. Hij heeft bijzonder kritische ouders. Hij heeft nooit geleerd om tevreden met zichzelf te zijn en doet altijd enorm zijn best. Zijn vader was driftig en tolereerde geen enkel verzet of zelfs maar gewoon nee zeggen. Piet heeft dit dan ook nooit gedaan en staat altijd voor iedereen klaar. Dit heeft tot klachten van overbelasting en burn-out geleid. Piet doet in alle situaties sterk en zonder onderscheid zijn best om oncontroleerbaar falen te vermijden. Hij voelt zich altijd angstig gespannen en ook wel geërgerd als anderen nonchalant en slordig zijn. Toch durft hij daar niets van te zeggen, wat zijn spanning nog hoger maakt. Wanneer op zijn werk een nieuw computersysteem ingevoerd wordt dat hij niet meer overziet en zijn onbetrouwbare, aan alcohol verslaafde directeur hem de schuld van een mislukkend project in de schoenen schuift, klapt hij in elkaar en komt in de ziektewet terecht. Zijn kernthema is geactiveerd, en zijn compensatiegedrag van zijn best doen is niet meer toereikend.

- **Commentaar**

Piet is een cliënt met dwangmatige persoonlijkheidstrekken bij wie falen en oncontroleerbaarheid de kernthema's zijn. Die worden opgeroepen door situaties waarin hij zonder controle dreigt te falen of faalt.

Het kernthema oncontroleerbaarheid wordt afgeremd door foutloos en volmaakt te functioneren. Wanneer het kernthema wel geactiveerd wordt, reageert de cliënt met angst en ergernis en in zijn gedrag door erg zijn best te doen.

De gevolgen zijn dezelfde als vermeld bij de functieanalyse van dwangmatige persoonlijkheidstrekken (zie ▶ par. 3.3). In ☐ fig. 3.7 wordt de betekenisanalyse van dwangmatige persoonlijkheidstrekken in algemene termen samengevat.

Het maken van een betekenisanalyse is een goede aanvulling op de functieanalyse van het kerngedrag. Met het driefactorenmodel is een brede actuele functieanalyse te maken met inbegrip van de bij cliënten met een persoonlijkheidstrekken zo belangrijke cognities (Orlemans et al. 1995). Daarnaast legt de betekenisanalyse meer het accent op het reageren vanuit de representaties die in het emotionele geheugen opgeslagen zijn (Hermans et al. 2018; Korrelboom en Ten Broeke 2004).

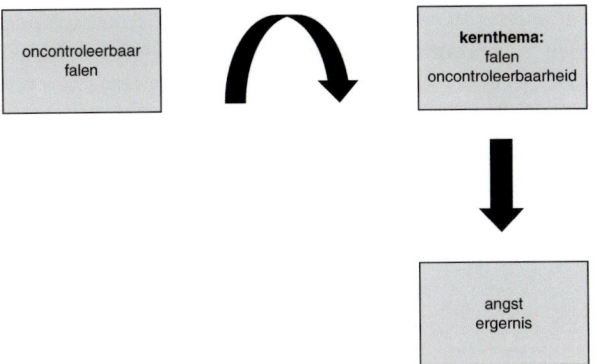

◘ **Figuur 3.7** Betekenisanalyse van dwangmatige persoonlijkheidstrekken

3.5 Van functieanalyse naar behandelplan en probleemselectie

Een cognitief-gedragstherapeutisch therapieplan bevat concrete behandeldoelen en technieken om deze doelen te bereiken (zie ook ▶ par. 4.1 en 4.2). Deze doelen zijn concreet en realistisch, en worden mede opgesteld op basis van de *basisniveaumeting*. Met de basisniveaumeting wordt bepaald hoe vaak klachten, kernovertuigingen, kerngevoelens of kerngedragingen aan het begin van de therapie aanwezig zijn en hoe sterk ze zijn. Het is een meting die voorafgaat aan de uitvoering van het behandelplan. Bepaling van het basisniveau maakt evaluatie mogelijk na toepassing van de techniek tijdens de uitvoeringsfase van de therapie.

Er zijn vijf soorten therapiedoelen:
1. vermindering van klachten;
2. zelfacceptatie van hoogbegaafdheid;
3. vergroten van copingvaardigheden;
4. verandering van kerncognities, persoonlijkheidstrekken of persoonlijkheidsstoornis;
5. versterken van therapiebevorderend gedrag.

Bij de cliënt met hoogbegaafdheid en specifieke persoonlijkheidstrekken zijn alle vijf doelen nodig en belangrijk. Een therapieplan is enerzijds gebaseerd op de holistische theorie van de algemene hoogbegaafdheid en van de specifieke persoonlijkheidstrekken, anderzijds op de wetenschappelijke onderzoeksliteratuur, omdat de empirisch bewezen effectiviteit van een techniek van belang is.

Zo blijkt uit wetenschappelijk onderzoek dat exposure (blootstelling) en COMET effectief zijn bij angsten. EMDR blijkt effectief te zijn bij trauma's en bij traumagerelateerde angsten. Wanneer de kerncognitie van een specifieke cliënt met een persoonlijkheidsstoornis van angstige aard is, kunnen we deze technieken gebruiken: blootstelling bij verwachtingsangsten, COMET bij angsten met een referentieel karakter (Korrelboom 2011) en EMDR bij angsten met een traumatisch begin (De Jongh en Ten Broeke 2003; Stöfsel en Mooren 2017).

Voor een negatief zelfbeeld zijn goede en effectieve behandelingen ontwikkeld, bijvoorbeeld het positieve witboek van De Neef (2010a, 2013) en COMET (Korrelboom 2011).

Mindfulness of aandachtgerichtheid gecombineerd met stressreductie of cognitieve therapie werkt goed bij chronische pijn en negatieve emoties (Kabat-Zinn 1994/2004), bij angststoornissen (Brantley 2014), bij recidiverende depressie om terugval te voorkomen (Mark et al. 2007; Segal et al. 2004) en bij te veel destructieve gedachten en gevoelens en bij gebrek aan zelfcompassie (Germer 2012).

In ▶ H. 4 worden het behandelplan en de technieken besproken.

Psychotherapie bij hoogbegaafdheid en persoonlijkheid: behandelplan, technieken en proces

Samenvatting

▶ Hoofdstuk 4 gaat over de uitvoering en evaluatie van de psychotherapeutische *behandeling* van hoogbegaafdheid door middel van *psychotherapeutische technieken*. Hoe *selecteer* je *problemen* bij hoogbegaafdheid in het algemeen en bij specifieke persoonlijkheidstrekken? De psychotherapie is gebaseerd op een concreet *behandelplan*, dat specifieke doelen en aan hoogbegaafdheid aangepaste technieken omvat. Het behandelplan vloeit voort uit de casusconceptualisatie of holistische theorie, met daarin de functieanalyses en betekenisanalyses van symptoomgedrag en kerngedrag van hoogbegaafdheid en van specifieke persoonlijkheidstrekken.

4.1 Behandelplan en probleemselectie bij hoogbegaafdheid – 95
4.1.1 Behandelplan algemene hoogbegaafdheid – 96
4.1.2 Behandelplan specifieke persoonlijkheidstrekken – 96
4.1.3 Probleemselectie bij hoogbegaafdheid – 96

4.2 Psychotherapeutische technieken aangepast aan hoogbegaafdheid en hoogsensitiviteit – 102
4.2.1 De-intensiveren door zelfregistratie – 102
4.2.2 Hartcoherentie – 102
4.2.3 Inquiry-based Stress Reduction volgens Byron Katie – 103

Het voorrecht van een mensenleven is om te worden wie je werkelijk bent – Carl G. Jung

© Bohn Stafleu van Loghum is een imprint van Springer Media B.V., onderdeel van Springer Nature 2020
A. Sprey, *Praktijkboek hoogbegaafdheid in psychotherapie*, https://doi.org/10.1007/978-90-368-2491-0_4

4.2.4	Positief witboek bij negatief zelfbeeld – 103
4.2.5	Mindfulness met zelfcompassie – 103
4.2.6	Versnelde oogbewegingen bij EMDR – 104
4.2.7	ACT – 104

4.3 Het psychotherapeutische proces: uitvoering en evaluatie van de therapie – 104

4.1 Behandelplan en probleemselectie bij hoogbegaafdheid

In het therapieplan worden de concrete doelen geformuleerd en de technieken gekozen om de doelen te bereiken. In ▶ par. 4.1.1 en ◘ tab. 4.1 staan de vijf aangrijpingspunten van de cognitief-gedragstherapeutische functieanalyse beschreven en een daarop gebaseerd algemeen behandelplan voor een cliënt met hoogbegaafdheid. In ▶ par. 4.1.2 volgt een behandelplan voor specifieke persoonlijkheidstrekken, de andere kant van de algemene hoogbegaafdheid.

◘ Tabel 4.1 Het behandelplan bij hoogbegaafdheid

aangrijpingspunt FA	therapiedoelen	technieken
uitlokkende gebeurtenis (CS/Sd)	complexe en boeiende situaties en te veel / te brede interesses verminderen	voorlopige vermijding stopmechanisme zelfcontrole responspreventie
denkproces	complexiteit vereenvoudigen snel, hoogassociatief denken vertragen van divergeren naar convergeren van autonoom naar empathie	aandachtsconcentratietraining cognitief dagboek convergeertraining
gedachten (COV) inhoud van specifieke trekken	zelfbeeld verbeteren gedachten bij specifieke trekken	positief witboek, COMET cognitieve therapie
gevoelsproces	intens meestal sterk prikkelgevoelig en hoogsensitief	de intensiveren desensitisatie hersteltijd
gevoel (CER) algemeen	gedreven, intense opwinding doseren stress▼ faalangst ▼ ongeduld ▼	relaxatie zelfhypnose EMDR mindfulness hartcoherentie
gevoel (CER) inhoud van specifieke trekken	gevoel bij specifieke trekken verbeteren	COMET relaxatie hypnose imaginaire rescripting rollenspel EMDR
gedrag (CAR) snel en creatief oplossingen scheppen	verbeteren creatieve stagnatie minder problemen scheppen, maar meer oplossen	zelfregistratie rollenspel slow, aandachtig vertragen mindfulness zelfblootstelling cognitieve therapie
gevolgen (C)	nadelen verkleinen voordelen vergroten > zie functieanalyse	bewustmaking en andere (zelf)bekrachtiging voor betere voor-/nadelenbalans

Ten slotte staan in ▶ par. 4.1.3 per therapiedoel passende of aangepaste technieken vermeld. Deze concrete en specifieke therapiedoelen en technieken voor hoogbegaafden zijn op te vatten als concrete suggesties voor het maken van een behandelplan. Voor een uitvoeriger overzicht van specifieke behandelplannen en technieken bij persoonlijkheidsstoornissen, zie Sprey (2015), ▶ H. 2.

In ◘ fig. 4.1 staat de functieanalyse van algemene hoogbegaafdheid.

Een complexe en boeiende situatie (S) roept 'inhoudelijke' gedachten (COV) en gevoelens (CER) op via een hoogbegaafd denkproces en (vaak) een hoogsensitief gevoelsproces, die leiden tot kerngedrag (CAR) dat gevolgd wordt door positieve en negatieve consequenties (C+ en C−), oftewel voordelen en nadelen. Dit heet een functieanalyse.

4.1.1 Behandelplan algemene hoogbegaafdheid

Het behandelplan is direct gebaseerd op de functieanalyse met zijn vijf niveaus van aangrijpingspunten. Voor elk van de vijf niveaus zijn doelen met daarbij passende technieken te formuleren. Het behandelplan bij hoogbegaafdheid is weergegeven in ◘ tab. 4.1.

4.1.2 Behandelplan specifieke persoonlijkheidstrekken

In het therapieplan worden de concrete doelen geformuleerd en de technieken gekozen om de doelen te bereiken. In ◘ tab. 4.2 staan de vijf aangrijpingspunten van het cognitief-gedragstherapeutische model beschreven met specifieke therapiedoelen voor een cliënt met dwangmatige persoonlijkheidstrekken. Verder staan per therapiedoel specifieke technieken vermeld die daarvoor kunnen worden gebruikt. Deze worden in ▶ par. 4.2 nader beschreven. Deze concrete en specifieke therapiedoelen en technieken zijn op te vatten als concrete suggesties voor het maken van een behandelplan.

4.1.3 Probleemselectie bij hoogbegaafdheid

In het behandelplan wordt ook een keuze gemaakt welke problemen in welke volgorde behandeld zullen worden (*probleemselectie*). De wens van de cliënt telt zwaar mee, maar de psychotherapeut vult vanuit de holistische theorie de persoonlijkheidsproblemen aan. Ook voor de volgorde waarin de problemen aangepakt zullen worden, is een aantal richtlijnen te geven (Brinkman 1978):
1. de waarschijnlijkheidswaarde van het probleem, dat wil zeggen in hoeverre cliënt en therapeut het eens zijn over het bestaan van het probleem;
2. de problematische waarde van het probleem voor de cliënt;
3. de centraliteit van het probleem in de holistische theorie;
4. de behandelbaarheid van het probleem.

Deze vier criteria worden nu op hoogbegaafdheid toegepast. Voor hoogbegaafdheid bepaalt de screening dat er sprake is van waarschijnlijke hoogbegaafdheid (1). Voor de cliënt is dit vaak een ambivalente verrassing, die ongeloof en weerstand kan oproepen. Dit vergt geduldige psycho-educatie van de therapeut en verdere diagnostische onderbouwing. Meestal worden de holistische theorie en de functieanalyse van de cliënt wel

4.1 · Behandelplan en probleemselectie bij hoogbegaafdheid

uitlokkende gebeurtenis
(CS/Sd)

denkproces
snel, complex, hoogassociatief/ divergerend en autonoom

complexe en boeiende situatie
(boeiend of nieuwsgierig makend)

gedachten
(COV)
- ik ben autonoom, sneldenkend en creatief
- ik ben anders dan anderen
- ik ben nieuwsgierig en heb vele en intense interesses
- ik ben verantwoordelijk
- ik moet competent zijn
- alles moet perfect en rechtvaardig verlopen
- ik wil dingen (de wereld) verbeteren
- ik wil eerlijk en rechtvaardig zijn (of ben gedesillusioneerd)
- ik ben slimmer maar mis vaardigheden op sociaal, sportief of kunstzinnig gebied
- voor mij gelden andere regels
- anderen zijn anders, slimmer of minder slim, jaloers of bewonderend, meer sociaal of sportief
- gewoon zijn en gewoon meedoen is voor mij niet bereikbaar
- ik ben een uitzondering en hoor er niet bij
- anderen sluiten mij buiten
- anderen mogen mij niet
- anderen vinden mij raar

gevoelsproces
intens, meestal sterk prikkelgevoelig en hoogsensitief

gevoel
(CER)
gedreven, intense opwinding, stress, faalangst

gedrag
(CAR)
snel en creatief oplossingen scheppen

gevolgen
(C)
voordelen
+C+ trots, zelfwaardering
+C+ waardering, acceptatie, bewondering van de omgeving
+C+ bevrediging, flow, kick
+C+ schepping
−C− saaiheid neemt af

nadelen
−C+ er minder bij horen
−C+ anderen haken af
+C− negatieve reacties vanuit de omgeving, onzekerheid, jaloezie, ergernis
0C+ geen tegenspel
+C− sociaal isolement
+C− onbegrip
+C− haast, ongeduld
+C− stress, moe
+C− frustratie, onvrede

◘ **Figuur 4.1** Functieanalyse van algemene hoogbegaafdheid

◧ **Tabel 4.2** Het behandelplan bij dwangmatige persoonlijkheidstrekken

aangrijpingspunt	therapiedoelen	technieken
uitlokkende gebeurtenis (CS/Sd)	falen oncontroleerbaarheid	graduele blootstelling voorlopige vermijding stopmechanisme
gedachten (COV)	– ik ben niet alleen verantwoordelijk – anderen zijn medeverantwoordelijk en ook competent – fouten maken is leerzaam en geen ramp – ik ben goed zoals ik ben – slagen is leuk, maar niet van levensbelang – kritiek is leerzaam en vaak constructief bedoeld	continuümtechnieken cognitief dagboek historische toets taarttechniek IBSR
gevoel (CER)	angst voor oncontroleerbaarheid	neerwaartse-pijltechniek
	faalangst tegenthema: ontspanning en controle	COMET relaxatie IBSR hypnose EMDR
gedrag (CAR)	fouten maken controleren verminderen overbelasting verminderen	gedragsexperimenten rollenspel responspreventie zelfblootstelling
gevolgen (C)	nadelen verkleinen voordelen vergroten > zie functieanalyse	bewustmaking en andere (zelf)bekrachtiging

door hem herkend en wordt zijn zelfbeeld uiteindelijk herzien. Daarvoor zag hij zichzelf als 'gewoon' slim, of zelfs dom, bijvoorbeeld door een wiskundestoornis (het herkennen en manipuleren van cijfers en symbolen) of dyslexie. De functieanalyse concretiseert de problematische waarde (2) van de hoogbegaafdheid voor de cliënt in zijn individuele voor-/nadelenbalans. De cliënt staat psychologisch 'in het rood', bijvoorbeeld door kwellende creatieve stagnatie, door overbelasting of burn-out, door succes in prestaties maar falen in persoonlijke relaties, door niet willen afwijken van familieleden of medestudenten. In de holistische theorie krijgt hoogbegaafdheid een centrale plaats (3), je kunt er letterlijk niet omheen. Dit geldt ook voor de persoonlijkheidstrekken of eventuele persoonlijkheidsstoornis of een recidiverende depressie. De behandelbaarheid (4) hangt nauw samen met de individuele functieanalyse en dus de voor-/nadelenbalans op langere termijn.

De cliënt kan kiezen tussen veranderen van zijn specifieke persoonlijkheidstrekken of symptomen en accepteren van zijn algemene hoogbegaafdheid en de nadelen hiervan verminderen.

Bij hoogbegaafdheid zijn vaak de volgende *therapiedoelen* te selecteren:
- creatieve stagnatie doorbreken en waarden bewust worden en realiseren;
- autonomie en kritisch zijn;
- snel en veelzijdig denken en compliceren verminderen en leren te vereenvoudigen;
- sociaal isolement verminderen;
- meer gevoelsmatig partner, vrienden en werk kiezen;
- interactieproblemen bewustmaken en verbeteren;
- negatief zelfbeeld verbeteren;
- overwaardig (onterecht positief of wisselend) zelfbeeld realistischer maken;
- hoogsensitiviteit (OE) en intens voelen bewustmaken, accepteren en verbeteren;
- onthaasten bij gedrevenheid;
- hersteltijd nemen van te veel prikkels;
- ongeduld verminderen;
- negatieve vormen van coping vervangen door positieve coping;
- doelen voor verbetering van persoonlijkheidsdisfunctioneren;
- veranderen van persoonlijkheidstrekken;
- van autonoom denken naar ook autonoom handelen;
- desillusie van idealisme;
- faalangst verminderen;
- sterk verantwoordelijkheidsgevoel verzachten;
- verbeteren van moeite met het plannen en concentratie.

Creatieve stagnatie en waarden

Omdat het kerngedrag van de hoogbegaafde snel oplossingen scheppen is, is creatieve stagnatie een pijnlijk en frustrerend probleem. Het is belangrijk om dit te bespreken en te proberen op te lossen door bewustmaking van de cliënt in relatie tot diens persoonlijke waarden en levensdoelen. Een kunstenaar of schrijver die blokkeert, kan daar depressief van worden, en depressie kan leiden tot stagnatie. De persoonlijke waarde kan in dat geval veel eerder het hoge esthetische bewustzijn zijn dan een materialistische oriëntatie. Dit is mogelijk een reden dat veel kunstenaars hun zaken niet goed regelen; dat interesseert hen simpelweg niet.

Autonomie en kritisch zijn

Autonoom denken en handelen zijn persoonlijkheidskenmerken van hoogbegaafden die vaak leiden tot sociaal isolement, onbegrip, angst bij de cliënt en irritatie bij de omgeving. Omdat de hoogbegaafde zo automatisch en met goede bedoelingen kritisch reageert, wordt hij gemeden en bestreden, bijvoorbeeld op zijn werk, zodat zijn creatieve meerwaarde niet benut wordt en stagneert (zie boven). Omgaan met de eigen autonomie en het eigen overmatig kritisch zijn is een belangrijk te selecteren probleem. Zelfinzicht is de eerste stap naar gedragsverandering.

Van autonoom denken naar ook autonoom handelen is een ander therapiedoel. Dat komt meer voor bij intelligente vrouwen die zich te zeer afhankelijk opstellen om afwijzing en verlating te voorkomen.

Snel en veelzijdig denken en divergeren

Snel denken en snel uiteenlopende associaties hebben, en dus divergeren, maakt het de hoogbegaafde en zijn omgeving moeilijk om de rode draad vast te houden, wat tot frustratie en afhaken leidt. Een oplossing is bewustwording van hoe moeilijk hij te volgen is voor zijn omgeving en van de verslavende kick die creatief divergeren geeft, en leren convergeren.

Sociaal isolement

Door de grote afwijking van het statistisch gemiddelde IQ van 100 is de groep gelijkgestemden qua IQ heel klein. Een hoogbegaafde met een IQ van 130 heeft slechts een klein deel van de bevolking als potentiële partner of vriend in het IQ-bereik tussen 120 en 140 (Kuipers en Van Kempen 2007). De kans op sociaal isolement is daarmee voor die hoogbegaafde veel groter dan voor een persoon met een IQ van 100, die 66 procent van de bevolking met een IQ tussen 90 en 110 als 'doelgroep' heeft.

Moeite met keuze voor of behouden van partner, vrienden en werk

Overeenkomst met of juist aanvulling door andere persoonlijkheidstrekken, empathie en sociale behoefte spelen uiteraard ook een rol bij sociaal isolement of contact. Voor hoogbegaafden is gelijkwaardigheid, gelijkgestemdheid en boeiendheid van groot belang in hun sociale leven. Om die reden komen hoogbegaafden in werksituaties eerder in een isolement terecht en functioneren ze daardoor onder hun mogelijkheden. Het vinden en behouden van een partner luistert om dezelfde redenen eveneens nauw, en ondanks de mogelijkheden van internet blijft het vinden van de juiste match in de praktijk vaak zoeken naar een speld in een hooiberg.

Interactieproblemen

Specifieke persoonlijkheidstrekken en kerngedrag leiden tot specifieke interactieproblemen. Narcistische zelfverheffing roept bewondering of juist ergernis, strijd of distantie op. Perfectionisme roept vaak ergernis en kritiek van de omgeving op. Ook algemene trekken van hoogbegaafdheid leiden tot interactieproblemen, waarbij de bijkomende specifieke persoonlijkheidstrekken aangejaagd of geremd kunnen worden. Autonoom denken wordt geremd door en botst met afhankelijke trekken en overmatige aanpassing. Snel en veelzijdig denken en een ongewoon brede interesse versterken dwangmatige trekken en overmatig je best doen. Autonomie in denken en handelen kan schizoïde trekken en afstand houden versterken, waardoor het sociale isolement nog groter wordt.

Snel denken en ongeduldig reageren roepen bij de omgeving onzekerheid of irritatie op, wat leidt tot het mijden van de hoogbegaafde als een aversieve stimulus. Idealisme en een sterk rechtvaardigheidsgevoel leiden bij minder scrupuleuze mensen in de omgeving tot afhaken en terugtrekking. Sterke prikkelgevoeligheid wordt door laagsensitieven niet aangevoeld en leidt eveneens tot terugtrekking.

Negatief zelfbeeld

Mensen met een negatief zelfbeeld zijn gemakkelijk te herkennen. Veel situaties roepen bij hen negatieve cognities op – 'zie je wel, ik ben niets waard, ik ben dom, ik ben onaantrekkelijk, ik hoor er niet bij' of 'zie je wel, ik word niet gezien' – en daarmee een negatief gevoel. Een negatief zelfbeeld geeft veel leed en maakt kwetsbaar (De Neef 2010a). Het kan leiden tot somberheid of depressie, eenzaamheid, piekeren, angsten, eetproblemen, somatische klachten, misbruik van middelen of agressie.

Een negatief zelfbeeld komt regelmatig voor bij hoogbegaafdheid en heel vaak bij persoonlijkheidsstoornissen. In de Beck-tabel (zie ◘ tab. 2.9) is het zelfbeeld bij een paranoïde-, de schizotypische-, de borderline-, de vermijdende-, de afhankelijke- en de depressieve-persoonlijkheidsstoornis of persoonlijkheidstrekken wat betreft inhoud en valentie negatief. Naast symptoomgedrag en kerngedrag is een negatief zelfbeeld een vaak geselecteerd probleem voor de therapie of zou dat dienen te zijn. Met name bij de hoogsensitieve hoogbegaafde is er vaak sprake van (onverwerkte) trauma's, en deze zijn moeilijk(er) te bewerken (zie EMDR, ► par. 4.2). Ook is er regelmatig sprake van negatieve en traumatische jeugdervaringen (ook pre-verbaal), een pestverleden en eenzaamheid, factoren die hebben geleid tot een negatief zelfbeeld.

Overwaardig (onterecht positief of wisselend) zelfbeeld

Naast een negatief zelfbeeld kan door overcompensatie een zelfbeeld ook overmatig positief of instabiel worden en sterk wisselen van heel erg positief en superieur naar inferieur en overmatig negatief. Vooral hoogbegaafden met narcistische trekken hebben hier last van.

Tegenconditionering met de COMET-techniek en een stabiele basis leggen met de techniek van het positieve witboek of het toepassen van IBSR kunnen helpen om overcompensatie overbodig te maken en een stabiel en passend positief zelfbeeld op te bouwen.

Onthaasten bij gedrevenheid

Intensiteit, snel denken en gedrevenheid brengen haast en ongeduld met zich mee. Onthaasten en *slow* (niet sloom) leven, bijvoorbeeld door mindfulness, met aandacht in het hier-en-nu leven en je regelmatig drie minuten op jezelf concentreren, zijn belangrijke en preventieve vaardigheden.

Hersteltijd van prikkels bij hoogsensitiviteit en overmatige prikkelgevoeligheid

Hoogsensitieve personen verwerken prikkels diepgaand en raken daardoor eerder dan anderen overprikkeld. Het hangt van hun persoonlijkheidstrekken af of zij zich tijdig rust gunnen of dat zij nog lang doorgaan zonder hersteltijd. Dit kan te maken hebben met dwangmatige trekken, frequent optredend perfectionisme *en een hoog verantwoordelijkheidsgevoel*. Ook zijn snelheid van denken en intens en gedreven willen scheppen maken dat de hoogbegaafde persoon meestal niet tijdig rust neemt om te herstellen. Als je lekker creatief bezig bent, ga je snel nog even of langer door.

Negatieve vormen van coping

Millon en Everly (1985) onderscheiden twee manieren van coping: de reactieve en de proactieve (zie ► par. 2.4.1). Young et al. (2005) spreken van drie manieren om met schema's om te gaan: overgave, vermijding en compensatie (zie ► par. 2.7). Minder eenzijdige coping, die een betere voor-/nadelenbalans oplevert, is een belangrijk therapiedoel (Webb 2013).

Doelen voor verbetering van persoonlijkheidsdisfunctioneren

De verbetering van identiteit, zelfsturing, empathie en intimiteit zijn belangrijke doelen om expliciet in een behandelplan op te nemen. Zie voor de definities de Nederlandse vertaling van de DSM-5, APA 2014.

Bij empathie en intimiteit kan bij de hoogbegaafde die sterk gericht is op het welbevinden van anderen (de hulpverleners of wereldverbeteraars) ook gelden dat zij zich volledig wegcijferen bij zorgtaken en hun grenzen niet bewaken, hetgeen ten koste gaat van de benodigde rust.

Faalangst verminderen

Faalangst kan met narcistische trekken te maken hebben, de grandiositeit van alles altijd snel begrijpen en anderen overtreffen, en bang zijn voor de kwetsing van een 'nederlaag'.

De dwangmatige hoogbegaafde heeft vele mogelijkheden om het speelveld snel te overzien, waardoor hij zich ervan bewust is dat het 'altijd' beter kan (perfectionisme) en vaak het gevoel heeft tekort te schieten en het 'niet goed (genoeg)' te doen.

Faalangst wordt minder door verbeteren van moeite met het plannen. 'De verstrooide professor' is een bekend type.

Veranderen van persoonlijkheidstrekken

Veranderen van persoonlijkheidstrekken is het doel van veel psychotherapie. Het gaat meestal om het veranderen van pathologische trekken (zie ▶ par. 2.4.5), zoals rigide perfectionisme, bezorgdheid, sociaal isolement, aandacht zoeken, afleidbaarheid et cetera, in evenwichtiger trekken met een positievere voor-/nadelenbalans.

4.2 Psychotherapeutische technieken aangepast aan hoogbegaafdheid en hoogsensitiviteit

Vele bekende psychotherapeutische technieken (Keijsers et al. 2011) kunnen worden aangepast aan hoogbegaafdheid en hoogsensitiviteit. Hier volgen enige suggesties.

4.2.1 De-intensiveren door zelfregistratie

De cliënt kan zelf zijn intensieve gedrag registreren op een schaal van 0–10. Dit kan hem er bewust van maken hoe vaak, hoelang en hoe intens hij concreet bezig is met een boeiende activiteit. Zelfcontroletechnieken en cognitieve therapie kunnen dan helpen.

4.2.2 Hartcoherentie

Hartcoherentie is een veelbelovende techniek om zelf met behulp van *neurofeedback* te leren stress te reduceren en het stressmechanisme te verbeteren (Servan-Schreiber 2003, 2008).

4.2.3 Inquiry-based Stress Reduction volgens Byron Katie

The Work van Byron Katie is ook wel bekend onder de naam Inquiry-based Stress Reduction (IBSR). Het gaat daarbij om meditatief gedachteonderzoek met (vier) vaste vragen en omkeringen, gericht op loskoppeling van de automatische emotionele, fysiologische, fysieke en gedragsmatige reacties op een gebeurtenis of situatie, door de cliënt te laten ontdekken dat die reacties niet het gevolg zijn van de gebeurtenis zelf, maar van de gedachten over die gebeurtenis. Een aspect is de cliënt te laten ervaren dat van die gebeurtenis ook andere en zelfs tegenovergestelde interpretaties mogelijk en valide zijn, waardoor het geloof in de gedachte ondermijnd wordt (Katie en Mitchell 2003; Van Rhijn en Leuning 2015).

4.2.4 Positief witboek bij negatief zelfbeeld

Hoe is nu een zelfbeeld te verbeteren? Morrelen aan het negatieve zelfbeeld en proberen de negatieve overtuiging te ontkrachten heeft meestal geen blijvend effect. Het installeren en verstevigen van een alternatief en concurrerend positief schema werpt meer vruchten af (Brewin 2006; De Neef 2010a, b). Deze behandeling door middel van het bijhouden van een positief witboek is heel concreet en gestructureerd, en helpt de cliënt in een aantal stappen een stevig en genuanceerd positief beeld van zichzelf op te bouwen. Door zijn eenvoud is de aanpak goed uit te leggen in een zelfhulpboek (De Neef 2010a).

Deze behandeling kent drie elementen:
1. *Anders leren kijken*, door een witboek bij te houden van positieve ervaringen en gedragingen, waarop de cliënt trots is en waarover hij tevreden is of waarmee hij blij is (zelfobservatie). Vervolgens bedenkt hij positieve eigenschappen van zichzelf en leert hij de 'censuur', die maakt dat positieve gedragingen en eigenschappen niet in het witboek worden opgenomen, uit te bannen (zelfevaluatie). Hij bekrachtigt zichzelf voor concrete gedragingen (zelfbekrachtiging).
2. *Anders doen*, namelijk gedrag vertonen dat beter past bij zijn nieuwe positieve zelfbeeld en nieuw gedrag dat de cliënt wil uitproberen.
3. *Activatie van het negatieve zelfbeeld afremmen*, door speciale aandacht te besteden aan het verlagen van onmogelijk hoge eisen en aan het omgaan met negatieve kritiek.

4.2.5 Mindfulness met zelfcompassie

Mindfulness of aandachtsgerichtheid gecombineerd met zelfcompassie werkt goed bij te veel destructieve gedachten en gevoelens en gebrek aan zelfcompassie (Germer 2012).

4.2.6 Versnelde oogbewegingen bij EMDR

Eye Movement Desensitisation and Reprocessing (EMDR) (De Jongh en Ten Broeke 2003; Stöfsel en Mooren 2017) is een effectieve en cliëntvriendelijke techniek om kerngebeurtenissen en enkelvoudige en complexe trauma's te behandelen. Ook kerncognities zijn hiermee positief te veranderen. Om het werkgeheugen voldoende te belasten bij de snel denkende hoogbegaafde worden snellere oogbewegingen en andere taken, zoals hoofdrekenen, toegepast.

4.2.7 ACT

Acceptance and commitment therapy (ACT) helpt bij angst, depressie, paniek, emotionele pijn, negatief denken, piekeren en zelfkritiek (Hayes en Smith 2006; A-Tjak en De Groot 2008). ACT beschouwt pijn en leed als normale, onlosmakelijke onderdelen van het mens-zijn. Juist het vermijden of onderdrukken van pijnlijke ervaringen veroorzaakt lijden. ACT werkt aan de bereidheid van de cliënt om pijnlijke ervaringen te accepteren en zich te committeren aan acties die passen bij zijn waarden (Hayes en Smith 2006).

4.3 Het psychotherapeutische proces: uitvoering en evaluatie van de therapie

In ▶ H. 3 werd het analyserende deel van het psychotherapeutische proces behandeld, wat uitmondde in een concreet behandelplan met doelen en technieken. In de uitvoeringsfase wordt het behandelplan gerealiseerd. Het gaat om het door middel van technieken aanleren van gewenste en afleren van ongewenste gevoelens en gedachten. Belangrijk is om de voor-/nadelenbalans te verbeteren. Het kerngedrag van snel en creatief oplossingen scheppen hoeft uiteraard niet te veranderen, wel het creatief problemen scheppen, indien aanwezig.

Bij specifieke persoonlijkheidstrekken concentreren we ons op het kerngedrag, de kerngedachten en de kerngevoelens. Deze kunnen aangeleerd of afgeleerd worden. Ook zijn de uitlokkende situaties (S) en de gevolgen (C) van trekken van belang.

- **De evaluatiefase**

In psychotherapie gaat het om verandering van het kerngedrag, van de kerngevoelens en van de kerncognities, vooral ook buiten de therapiezittingen. De cliënt houdt door zelfregistratie bij in hoeverre zijn kerngedrag en kerncognities veranderen. Als de behandeling effectief is, wordt zijn kerngedrag minder frequent; het alternatieve, voorheen onderontwikkelde gedrag wordt sterker. Situaties die dit kerngedrag voorheen automatisch uitlokten doen dit nu minder vaak. Hetzelfde geldt voor de negatieve gevoelens. Ook deze worden minder automatisch geactiveerd en nemen af in hevigheid en frequentie. De kerngedachten veranderen in de richting van de nieuwe, alternatieve en evenwichtige opvattingen. Tijdens een effectieve behandeling neemt de geloofwaardigheid van de oude opvatting af en van de nieuwe toe.

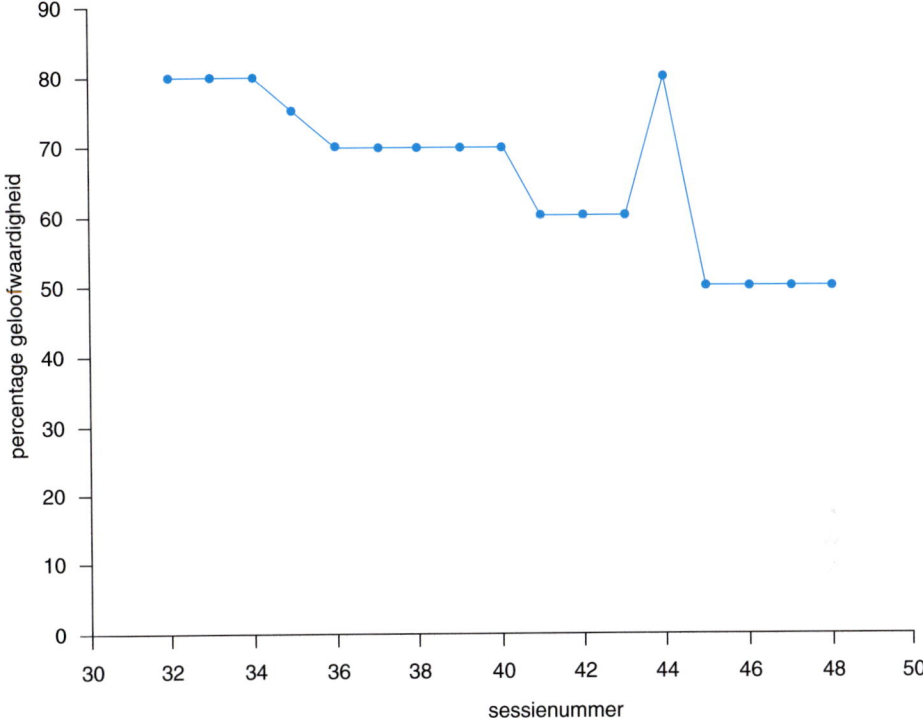

Figuur 4.2 Registratie geloofwaardigheid van een basale assumptie of kerncognitie

Een voorbeeld is een cliënt met een gemengd beeld van dwangmatige en paranoide trekken die als oude opvatting de kerncognitie had: 'Als ik een fout maak, word ik daarop gepakt.' De geloofwaardigheid van deze opvatting verminderde tijdens een cognitieve gedragstherapie van vijftig sessies. De cliënt scoorde de overtuigingskracht van deze cognitie.

Figuur 4.2 toont het verloop van het percentage geloofwaardigheid van deze cognitie gedurende het tweede deel van de therapie. In de grafiek zien we over de hele linie een dalende trend. Uitzondering hierop vormt de terugval in de eindfase van de therapie. In de voorafgaande periode raakte de cliënt betrokken in een conflict. Hierna herstelt de positieve trend zich.

De therapeutische relatie bij hoogbegaafdheid in combinatie met specifieke persoonlijkheidstrekken: zelfanalyse en functieanalyse

Samenvatting

▶ Hoofdstuk 5 behandelt de *functieanalyse van de* ingewikkelde *therapeutische relatie en zelfanalyse* door de therapeut van zijn eigen cognities, gevoelens en gedrag, na eerst een *interactiediagnose* gesteld te hebben van zowel het algemene kerngedrag van hoogbegaafdheid als van specifieke persoonlijkheidstrekken. Specifieke interacties en *interactiestoornissen* per groep persoonlijkheidsstrekken uiten zich in de therapeutische relatie. De therapeut analyseert en corrigeert zijn eigen inadequate reactie, cognities en therapeutengedrag, die het symptoomgedrag, het dubbele kerngedrag en het oefengedrag van de cliënt als in een vijfhoek beïnvloeden.

5.1 Kerngedrag en interactiediagnose – 109

5.2 Kerngedrag en interactiestoornissen, ook in de psychotherapie – 109

5.3 Opgeroepen reactie van de therapeut per specifieke persoonlijkheidstrek – 113

Ken uzelf – opschrift van de tempel van Apollo te Delphi

© Bohn Stafleu van Loghum is een imprint van Springer Media B.V., onderdeel van Springer Nature 2020
A. Sprey, *Praktijkboek hoogbegaafdheid in psychotherapie*, https://doi.org/10.1007/978-90-368-2491-0_5

5.4 Zelfanalyse door de therapeut van zijn reactie op hoogbegaafdheid in combinatie met specifieke persoonlijkheidstrekken – 114

5.5 Functieanalyse van de therapeutische relatie bij hoogbegaafdheid in combinatie met specifieke persoonlijkheidstrekken – 117

5.6 Eigen cognities, gevoelens en gedrag van de therapeut bij hoogbegaafdheid: je best doen, belijden, vermijden of bestrijden – 120

5.7 Oefen- en reflectiegedrag, dubbel kerngedrag, symptoomgedrag en therapeutgedrag: het 'vijfhoekmodel' bij hoogbegaafdheid – 128

5.1 Kerngedrag en interactiediagnose

Van elk kerngedrag is een interactiediagnose te stellen. Dit geldt ook voor het algemene kerngedrag van snel en creatief oplossingen scheppen, zie ◘ fig. 5.1. Dit scheppen van oplossingen kan zich ook uiten in subgedragingen: idealistisch zorgen voor, best doen, empathische aanpassing en snel en creatief problemen scheppen.

Naast een interactiediagnose van het algemene kerngedrag van hoogbegaafdheid is die ook te stellen van kerngedrag van de twaalf groepen van *specifieke* persoonlijkheidstrekken of persoonlijkheidsstoornissen, zie ▶ par. 2.4.2 en 2.6 en ◘ tab. 2.8. In ◘ fig. 5.2, 5.3 en 5.4 wordt het kerngedrag bij verschillende vormen van verstoorde hechting gevisualiseerd. Het kerngedrag van de twaalf groepen van *specifieke* persoonlijkheidstrekken of persoonlijkheidsstoornissen wordt dus in de interactievoorkeursposities geplaatst.

Deze figuren helpen de therapeut om naast het algemene hoogbegaafde kerngedrag van snel en creatief oplossingen, of juist problemen scheppen, het specifieke kerngedrag van de persoonlijkheidstrekken bewust van zowel de eigen positie als die van de cliënt te diagnosticeren en de interactiepositie en eventuele interactiestoornissen van de cliënt tijdig te onderkennen.

5.2 Kerngedrag en interactiestoornissen, ook in de psychotherapie

Zolang de hoogbegaafde cliënt met narcistische persoonlijkheidstrekken zich bewonderd voelt, is deze cliënt 'in rust'. Dit geldt ook in de psychotherapie. Maar vroeg of laat schiet de therapeut in de ogen van de cliënt tekort in bewondering of is zelfs ronduit kwetsend, en dan reageert de cliënt met narcistische persoonlijkheidstrekken met woede. Hij schiet

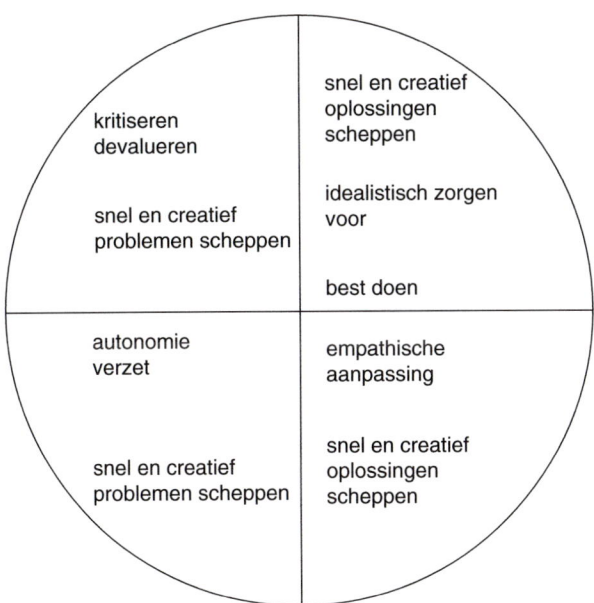

◘ Figuur 5.1 Kerngedrag bij hoogbegaafdheid

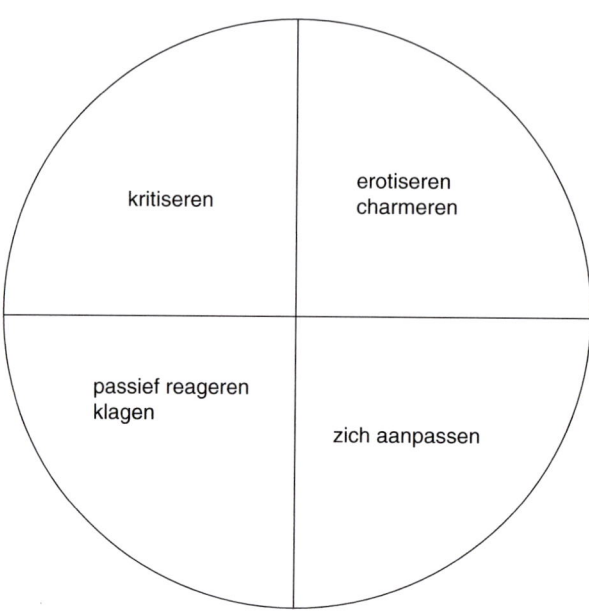

Figuur 5.2 Kerngedrag bij overmatige hechting

Figuur 5.3 Kerngedrag bij ambivalente hechting

dan in de positie van boven/tegen en gaat in de aanval: hij duwt de therapeut in de positie van onder/tegen en gaat hem kwetsen en devalueren. De therapeut komt in de rol van falende en minderwaardige terecht. De psychotherapeut neemt bij voorkeur de positie van boven/samen of gelijkwaardig/samen in. Deze komt daarom tegen zijn zin 'down' en in

5.2 · Kerngedrag en interactiestoornissen, ook in de psychotherapie

Figuur 5.4 Kerngedrag bij onthechting

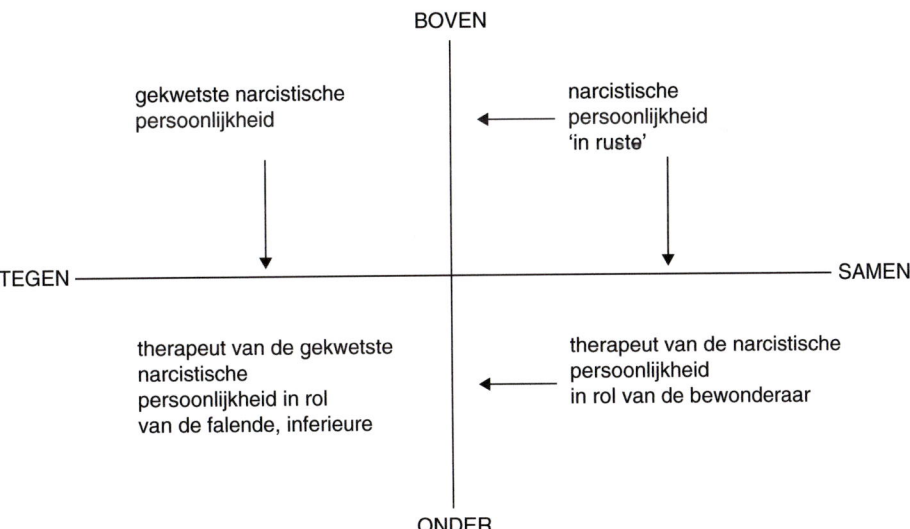

Figuur 5.5 Interactiestoornis in de psychotherapie bij narcistische persoonlijkheidstrekken

een strijd terecht, en voelt aan den lijve de zuigkracht (het interactionele appel) van de cliënt met narcistische persoonlijkheidstrekken. Op precies dezelfde wijze als die de omgeving van de cliënt met narcistische trekken zo goed kent: de collega's van de cliënt zijn bang voor deze omslag in woede, zijn partner eveneens, of zij worden juist zelf woedend en gaan 'terugkwetsen'. In fig. 5.5 wordt dit wederzijdse positiespel in beeld gebracht.

Deze interactiestoornis is een illustratie van het feit dat bij een cliënt met bepaalde persoonlijkheidstrekken diens schema (beeld van de ander) en zijn interactionele voorkeurspositie leiden tot het provoceren van een antitherapeutische reactie bij de therapeut. Dit houdt het kenmerkende gedrag van een cliënt met bepaalde persoonlijkheidstrekken in stand, doordat dit specifieke kerngedrag door de omgeving en in dit geval door de therapeut bekrachtigd wordt. Zo worden gebeurtenissen die bij een specifiek schema passen moeiteloos opgenomen, maar ervaringen die met het schema in strijd zijn worden afgeweerd of vervormd tot ze bij het schema passen. Ambigue situaties worden vervormd geïnterpreteerd en passen zo in het schema. Zo is het ook met cliënten met specifieke persoonlijkheidstrekken: er is sprake van een *attention bias*, een bevooroordeelde aandacht voor die specifieke informatie en gebeurtenissen die in het schema van de cliënt met bijvoorbeeld narcistische persoonlijkheidstrekken passen.

De cliënt met passief-agressieve persoonlijkheidstrekken ziet overal verplichtingen, en de cliënt met paranoïde trekken ziet in een vroeg stadium en in veel situaties een complot en misbruik van vertrouwen. Er is dus eenzijdigheid in de (schema)ontwikkeling opgetreden; iemands bril krijgt een bepaalde dominante kleur en gaat informatie vertekenen. Dit leidt tot eenzijdige reacties, die niet 'kloppen' met de werkelijkheid.

Een interactiestoornis dient te worden onderscheiden van 'gewone' weerstand, die regelmatig voorkomt bij de symptoomstoornissen zonder dat er sprake is van persoonlijkheidstrekken of een persoonlijkheidsstoornis. Een cliënt met een persisterende depressieve stoornis (dysthymie) doet bijvoorbeeld zijn huiswerkopdrachten niet, en in de volgende sessie reageert de therapeut met de drie A's van Brinkman door deze weerstand te accepteren, te analyseren en een alternatief te bedenken (Brinkman 1978). Er zijn allerlei mogelijkheden: de cliënt was de afgelopen week te somber en dacht dat oefenen toch niet zou helpen (depressieve cognitie), hij heeft de opdracht door onvoldoende uitleg van de therapeut niet goed begrepen, de opdracht was onhaalbaar of de lijdensdruk van de cliënt is gedaald. Het mislukken of niet uitvoeren van een opdracht geeft veel informatie, en het analyseren daarvan is vaak vruchtbaarder dan een therapie met oefenopdrachten die moeiteloos en zonder weerstanden verlopen. Zo vordert een therapie zowel bij het wel als bij het niet uitvoeren van opdrachten en directieven.

Bij de cliënt met passief-agressieve persoonlijkheidstrekken is het verzet tegen verplichtingen en dus ook tegen oefenopdrachten het centrale en terugkerende probleem. Dit is dus ook geen gewone, maar een veralgemeniseerde weerstand, die kan leiden tot een interactiestoornis met de therapeut. Deze kan door het verzet en uitstelgedrag van een dergelijke cliënt geïrriteerd raken en denken: 'zo komen we er niet' en 'in een goede therapie moet daarbuiten ook geoefend worden'. Dat brengt de therapeut tot het strenger voorschrijven van nog meer huiswerk, wat leidt tot nog meer weerstand en vergeten, verzet en uitstel bij de cliënt. Zo ontstaat er een vicieuze cirkel en komt de therapie in een impasse. De oplossing is stoppen met het opgeven van opdrachten en overgaan op cognitieve therapie gericht op het veralgemeniseerde, in allerlei situaties optredende verzet tegen verplichtingen. Zo heeft elke cliënt met specifieke persoonlijkheidstrekken zijn eigen type weerstand en interactiestoornis. Bij de hoogbegaafde cliënt leidt de sterk ontwikkelde autonomie eerder tot kritisch verzet.

De therapeut kijkt naar de interactiestoornissen in heden én verleden, binnen én buiten de psychotherapie. Een goede assessment is noodzakelijk, op basis van de leergeschiedenis van de relatie met ouders, broers en zussen en andere intieme familieleden of vrienden. De therapeut herkent de interactiepatronen en is voorbereid op de te verwachten interactiestoornissen. Zoals hiervoor aangegeven zijn passief-agressieve persoonlijkheidstrekken een voorspellende factor voor de specifieke interactiestoornissen in de therapeutische relatie. De therapeut is in staat tot een functieanalyse van de therapeutische relatie en zijn eigen aandeel; hij kan daarvoor zelfanalyse toepassen (zie ▶ par. 5.4).

De reactie van de therapeut en de reactie van de cliënt worden opgeroepen volgens de communicatieregels van Leary:
— tegen roept tegen op;
— samen → samen;
— onder → boven;
— boven → onder.

Dit kunnen we het relatiedefiniëringsaspect of betrekkingsniveau noemen. Alle communicatie geeft naast een inhoudelijke boodschap ook een bericht hoe de relatie door de 'zender' gedefinieerd wordt (Watzlawick et al. 1970). De 'ontvanger' kan op deze relatieboodschap verschillend reageren: hij kan erin meegaan, ertegen ingaan of 'ervandaan gaan' door deze boodschap te negeren of er zich van te distantiëren.

5.3 Opgeroepen reactie van de therapeut per specifieke persoonlijkheidstrek

Behalve in een positie in het interactiekwadrant wordt de therapeut vanuit het schema van de specifieke cliënt met een persoonlijkheidsstoornis ook inhoudelijk in een bepaalde rol gedrongen. De reactie van de cliënt op de therapeut wordt inhoudelijk bepaald door het beeld dat de cliënt van de ander heeft, zoals geformuleerd door Beck (Beck et al. 2004). Dit beeld van de ander is specifiek voor elke persoonlijkheidsstoornis (zie ▶ par. 2.6).

Door het beeld dat de cliënt met vermijdende persoonlijkheidstrekken van de ander heeft, wordt de therapeut de vernederende, kritische persoon. Psycho-educatie over de wenselijkheid van zelfonthulling en de angst daarvoor vanuit de conditionele aanname van de vermijdende cliënt – 'als ik mijn gevoel laat zien, word ik afgewezen' – is daarom een belangrijk element van het relatiegerichte therapieplan.

De cliënt met narcistische persoonlijkheidstrekken heeft naar zijn idee ook in de therapie recht op een speciale behandeling en is bang om gewoon te zijn. Vroeger of later zal hij zich ook door de therapeut gekwetst of niet bewonderd voelen en zal hij de therapeut als minderwaardig en falend beschouwen.

De cliënt met borderline persoonlijkheidstrekken zal zich overmatig snel verlaten voelen en dan met woede of autoagressief gedrag reageren. De therapeut is in zijn ogen gevaarlijk, afwijzend, niet te vertrouwen en uit op misbruik.

De cliënt met schizotypische persoonlijkheidstrekken zal wel heel voorzichtig contact willen, maar zich ook kwetsbaar voelen en zich van tijd tot tijd willen terugtrekken. De therapeut wordt de bedreigende en niet te vertrouwen ander.

De cliënt met afhankelijke persoonlijkheidstrekken zal advies en steun willen om voor zijn gevoel te overleven, zal te weinig zelfstandig leren handelen en zich te zeer aan de therapeut hechten uit angst voor verlating. De therapeut wordt geïdealiseerd als erg competent en steunend.

Het beeld dat de cliënt van de ander heeft wordt door hem geprojecteerd op de therapeut en is specifiek voor de verschillende persoonlijkheidstrekken en persoonlijkheidsstoornissen. De therapeut weet door een goede diagnose welk beeld hij kan verwachten en neemt dit op in zijn relatiegerichte behandelplan.

5.4 Zelfanalyse door de therapeut van zijn reactie op hoogbegaafdheid in combinatie met specifieke persoonlijkheidstrekken

Wanneer de therapeut zich bewust wordt van *overmatige* gevoelens bij zichzelf is het tijd voor zelfanalyse. Nu volgt een zelfanalyse van een psychotherapeut van haar reacties op een hoogbegaafde cliënt.

> **Zelfanalyse van mijn gedrag, gedachten en gevoelens bij hoogbegaafdheid**
> Het eerste dat ik bij mezelf opmerk is een positieve tegenoverdracht: ik voel me uitgedaagd, het motiveert me. Een valkuil is dat ik te veel mee ga divergeren. Er kan een regiekwestie opspelen, en die spreekt een andere, directievere kant in mij aan. Dat kan ingewikkeld zijn, maar ook interessant.
> Soms voel ik me ontmoedigd, omdat ik de denkfout maak dat iemand met zoveel competenties toch moet kunnen profiteren van therapie en in mijn ogen geen logische vervolgstappen zet. Of ik raak geïrriteerd, omdat ik bekritiseerd of gedevalueerd word. Ik vind het ook lastig om geïdealiseerd te worden. Ik kom in de verleiding om hiervan te genieten, en ik vind het soms moeilijk om het therapeutisch te benutten. Ik herken het sociale isolement dat vaak gepaard gaat met hoogbegaafdheid.

Globaal zijn er vier mogelijke therapeutgevoelens in de therapeutische relatie:
1. de onzekere therapeut;
2. de geïrriteerde therapeut;
3. de ontmoedigde therapeut;
4. de overbetrokken therapeut.

Het gaat hierbij om *disproportionele* gevoelens aan de kant van de therapeut die zijn gedrag beïnvloeden. Onzekerheid leidt ertoe dat hij te veel met het gedrag van de cliënt meegaat. Irritatie leidt ertoe dat hij te sterk tegen het gedrag van de cliënt ingaat. Ontmoediging heeft als gevolg dat hij zich terugtrekt en afhaakt, en niet meer op het gedrag van de cliënt ingaat, maar 'ervandaan gaat' of zich ervan distantieert. Overbetrokkenheid resulteert vaak in te veel meegaan met de cliënt en zorgzaam zijn best doen.

Maar er zijn meer combinaties mogelijk tussen het gevoel en het gedrag van de therapeut: een onzeker gevoel kan tot distantie van de therapeut leiden en een geïrriteerd gevoel tot meegaan met en overmatig zijn best doen voor de cliënt. Overbetrokkenheid kan leiden tot irritatie en tegen de cliënt ingaan, en ontmoediging geeft mogelijk meegaan met de cliënt, zijn best doen of tegen de cliënt ingaan.

Wanneer de therapeut bij het niet-uitvoeren van oefenopdrachten door een hoogbegaafde cliënt met een hoge autonomie al dan niet met passief-agressieve trekken de functieanalyse van de therapeutische relatie gemaakt heeft, gaat hij tegelijk na wat voor

5.4 · Zelfanalyse door de therapeut van zijn reactie op hoogbegaafdheid

Tabel 5.1 Toetsing van de gedachten van de geïrriteerde therapeut

gedachten van de therapeut (B)	toetsing (D)	
1. Zo komen we er niet	niet waar	niet helpend
2. Zonder oefenen geen verbetering	niet waar	niet helpend
3. Dit is al de zoveelste keer	waar	niet helpend
4. Ik doe mijn best, wat levert het op? Bar weinig	niet waar	niet helpend
5. Mijn werk is zinloos	niet waar	niet helpend
6. Ik ben die doorzichtige hoogbegaafde smoezen zat	waar	niet helpend

gevoel en welke gedachten bij hem worden opgeroepen en welk specifiek gedrag van de cliënt de uitlokkende stimulus of gebeurtenis is. Hij maakt een zelfanalyse van zijn 'tegenoverdracht'. Als voorbeeld van een zelfanalyse bij een dergelijke cliënt volgt een beschrijving van de zelfanalyse van een geïrriteerde therapeut.

Een veelvoorkomend probleem in psychotherapie bij hoogbegaafden is hun autonomie en daarmee hun aversie en verzet tegen oefenopdrachten.

Situatie (A): Cliënt heeft huiswerkopdracht weer niet gedaan.
Gedachten van de therapeut: zie tab. 5.1.
Gevoel van de therapeut (C): ergernis.
Gedrag van de therapeut (C): controleren en eisen stellen.
Alternatieve en evenwichtige gedachten (E) van de therapeut (waar en helpend):
1. We zijn nu bij de kern van zijn autonomieprobleem
2. Oefenen is een middel, geen doel
3. Bij een te hoge autonomiebehoefte gebeurt dit voortdurend
4. Ontspan je, en stel minder hoge eisen aan jezelf en de cliënt
5. Mijn werk is zinvol, maar niet gemakkelijk, en vooral niet bij een slimme cliënt met ook nog passief-agressieve trekken
6. Ik doorzie zijn patroon van autonomie en verzet als de essentie van zijn problematiek

Doel van de therapeut (G):
— minder ergernis en meer rust
— minder eisen stellen

Commentaar

Het doel van een dergelijke zelfanalyse is te komen tot een betere en meer therapeutische reactie. Ook verwerft de therapeut inzicht in zijn eigen schema's, allergieën en kwetsbaarheden. Wanneer de psychotherapie vastloopt, gaat de therapeut meestal reflecteren op het therapeutische proces. Hij kan dan de behandeling inbrengen in intervisie of supervisie, maar voordat hij dat doet, is het vruchtbaar om ter voorbereiding een zelfanalyse te doen. Het gaat vaak om automatische reacties van de therapeut, die antitherapeutisch gaan werken. Ook kunnen herhaaldelijk onderliggende schema's van de therapeut opgeroepen worden. In dat geval is een leertherapie een betere oplossing. Als de therapeut zichzelf goed kent, betekent dit dat hij inzicht heeft in zijn eigen manieren van reageren en de condities waaronder bepaalde reacties optreden. In een

Tabel 5.2 Toetsing van de gedachten van de ontmoedigde therapeut

gedachten van de therapeut (B)	toetsing (D)	
1. Met deze cliënt gaat het niet meer lukken	niet waar	niet helpend
2. Ik kan maar beter een ander vak gaan leren	niet waar	niet helpend
3. Ik moet ander werk zoeken, waar de problemen minder zijn	niet waar	niet helpend
4. Wat is deze cliënt toch slim en taai, zij blijft persevereren	waar	niet helpend
5. Misschien kan de cliënt het toch niet	waar	niet helpend
6. Dat eindeloze intelligente vermijden, ik ben het zat	waar	niet helpend

therapie is een van deze condities vooral het kerngedrag van de cliënt. Bij een hoogbegaafde cliënt gaat het bovendien om creatief en gedreven oplossingen scheppen. Ook autonomie, idealisme, perfectionisme, nieuwsgierigheid, hogere intelligentie, onverwachte achterstanden in ontwikkeling en hoogsensitiviteit zijn algemene persoonlijkheidskenmerken die bij de therapeut tegenreacties kunnen uitlokken.

Voor de therapeut is het belangrijk om na te gaan wat zijn moeilijkste hoogbegaafde cliënten zijn en wat in de zelfanalyse nu precies de essentie van hun gedrag is: wat is de A, de *activating event* of de uitlokkende gebeurtenis? Roept die bij de therapeut vaak dezelfde B's op, gedachten die weer leiden tot een bepaald gevoel of gedrag (C), dat mogelijk buiten proportie is en meer met de kijk (B) van de therapeut op deze cliënt te maken heeft dan met het objectieve gedrag (A) van de cliënt zelf? Dit zijn gevallen waarin de therapeut wellicht een belangrijk eigen schema op het spoor is.

Een ander veelvoorkomend probleem in psychotherapie bij hoogbegaafden is perfectionisme met neiging tot volledigheid en volmaaktheid en taai doorgaan of persevereren. Als voorbeeld van een zelfanalyse bij een dwangmatige hoogbegaafde cliënt volgt een beschrijving van de zelfanalyse van een ontmoedigde therapeut.

Nadat de therapeut bij cliënt eerst erg zijn best heeft gedaan en vervolgens onzeker is geworden, gaat hij zich steeds meer aan haar ergeren en is in de valkuil van de geïrriteerde therapeut terechtgekomen. Uiteindelijk raakt de therapeut ontmoedigd omdat cliënt niet vooruitgaat, en na twee terugvallen blijft hij twijfelen of de behandeling wel werkt. Hij besluit zijn ontmoediging te analyseren en komt tot de volgende zelfanalyse.

Situatie (A): Cliënt twijfelt na twee teruggevallen of de behandeling wel werkt.
Gedachten van de therapeut: zie tab. 5.2.
Gevoel van de therapeut (C): ontmoediging.
Gedrag van de therapeut (C): afhaken.
Alternatieve en evenwichtige gedachten (E) van de therapeut (waar en helpend):
1. De terugval ontmoedigt haar en mij
2. Meestal voel ik mij bekwaam in mijn werk
3. Elk werk kent problemen
4. Dit zijn taaie dwangmatige persoonlijkheidstrekken
5. Tot de terugval ging het lang heel goed met haar
6. Ik zie even geen perspectief en voel me ontmoedigd

Doel van de therapeut (G):
— minder ontmoediging en meer vertrouwen
— de cliënt met de terugval leren omgaan

■ **Commentaar**
Door deze zelfanalyse verandert de therapeut zijn ontmoediging en neiging tot afhaken, en gaat hij de cliënt rustig leren om met haar terugval om te gaan en haar perfectionisme te verminderen.

Wanneer een cliënt met histrionische persoonlijkheidstrekken in therapie is bij een therapeut met dwangmatige persoonlijkheidstrekken zien we de volgende interactiestoornis opdoemen. Het overdrijven van de histrionische cliënt gaat de therapeut ergeren en past in zijn beeld van anderen, die volgens hem onverantwoordelijk en onzorgvuldig zijn. De dwangmatige therapeut is hier dus extra gevoelig voor. De therapeut wil zijn ergernis overwinnen, ombuigen en productief maken. Hij spoort de uitlokkende gebeurtenis op, namelijk het onzorgvuldige en overdreven gedrag van de cliënt met histrionische persoonlijkheidstrekken. Zijn gedachten (B) zijn automatisch negatief: 'Wat onecht, overdreven en slordig is deze cliënt.' Hij kan zijn ergernis niet gemakkelijk overwinnen, daar is meer voor nodig, namelijk zelfanalyse. Omdat de cliënt met histrionische persoonlijkheidstrekken voelt dat de ergernis bij de therapeut toeneemt en diens acceptatie afneemt, gaat hij nog meer overdrijven. Hiermee belanden cliënt en therapeut in een vicieuze cirkel die de therapie doet vastlopen. Na zelfanalyse kan de therapeut er anders tegen aankijken en hij denkt: 'Dit is nu juist de kern van het probleem van de cliënt, het overdrijven om geaccepteerd en bewonderd te worden. Hierover moet het in de therapie gaan, en nu is het concreet in onze interactie te zien en te bespreken met de cliënt.'

5.5 Functieanalyse van de therapeutische relatie bij hoogbegaafdheid in combinatie met specifieke persoonlijkheidstrekken

Naast de individuele functieanalyse van de cliënt met persoonlijkheidstrekken of een persoonlijkheidsstoornis is er ook een functieanalyse te maken van de therapeutische relatie, oftewel van de interactie tussen cliënt en therapeut. Wanneer we het SORC-model van de individuele cliënt uitbreiden met het SORC-model van de therapeut (onder) is een interactiemodel als in ◘ fig. 5.6 het resultaat (Sprey 2015).

Bij de cliënt leidt een uitlokkende gebeurtenis tot gedachten, gevoelens en gedrag. Dit gedrag heeft zowel intrapsychische als interactionele gevolgen. De interactionele gevolgen spelen binnen de therapeutische relatie een rol. Het gedrag van de cliënt wordt een uitlokkende gebeurtenis voor de therapeut, die daar met zijn gedachten, gevoel en gedrag op reageert. De gevolgen van het gedrag van de therapeut zijn ook voor hem zowel intrapsychisch van aard als interactioneel voor de therapeut én voor de cliënt. De interactionele gevolgen van het gedrag van cliënt en therapeut ontmoeten elkaar. Ook het gedrag van de therapeut wordt weer een uitlokkende gebeurtenis voor de cliënt en zo is de (vicieuze) cirkel gesloten.

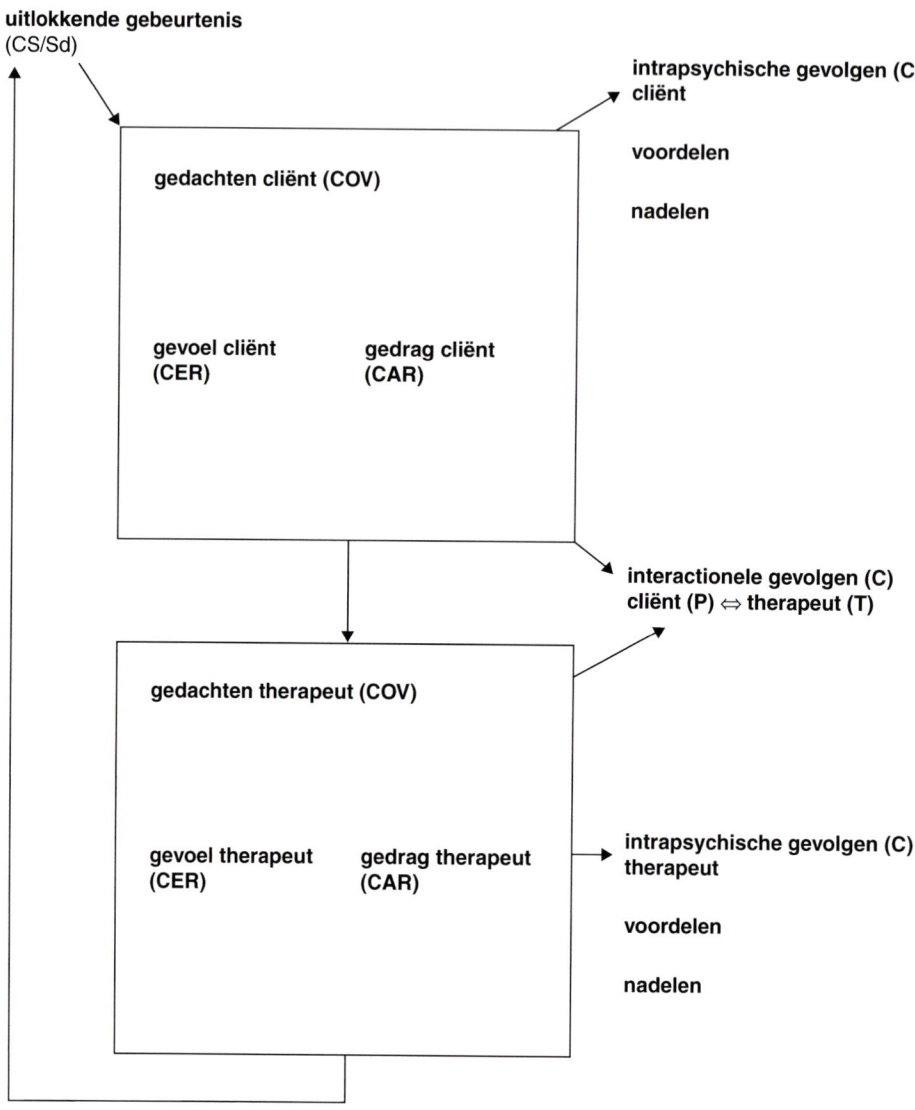

 Figuur 5.6   SORC-model en interactie tussen therapeut en cliënt

Als voorbeeld wordt de therapeutische relatie van een ontmoedigde therapeut van een hoogbegaafde cliënt met vermijdende persoonlijkheidstrekken gepresenteerd (zie ook fig. 5.7).

5.5 · Functieanalyse van de therapeutische relatie bij hoogbegaafdheid

> **Casus Tjeerd van Krein**
>
> Tjeerd van Krein is 28 jaar en musicus. Na een korte periode psychologie te hebben gestudeerd heeft hij zijn hart gevolgd en is naar het conservatorium gegaan. Hier leerde hij al snel zijn huidige vrouw kennen.
> Als reden van aanmelding heeft hij allerlei diffuus-fobische klachten. Ook is hij van tijd tot tijd erg depressief en is dan bang om tegen zijn wil uit zijn flat op vijf hoog te springen. Hij heeft weinig vertrouwen in zichzelf, de toekomst, God en de medemens. Hij heeft een gegeneraliseerde-angststoornis en een eenmalige depressieve stoornis. Eerder heeft een vrijgevestigde psychotherapeut hem met cognitieve gedragstherapie met succes behandeld voor zijn podiumangst.
> Als klein kind tobde hij al over alle mogelijke levensbeschouwelijke vragen. Hij kon zich druk maken over het heelal en het hiernamaals, en wilde alles kunnen begrijpen. Zijn eigen moeder vond hem al een vreemd kind, ook omdat hij weinig vriendjes had. Zij werd dol van zijn gevraag, en dominant als ze was, pushte ze hem te gaan voetballen en sporten. Zijn vader had volgens cliënt niets in te brengen. In de korte tijd dat hij psychologie studeerde, voelde hij zich eenzaam op een studentenflat. Een medestudent ontwikkelde schizofrenie en uit die tijd dateren zijn angst om gek te worden en het angstig piekeren.
> Tjeerd vermeed het om tussen de therapiezittingen thuis te oefenen met zich blootstellen aan zijn eigen piekergedachten. Hij stelde dit lang uit, met allerlei redenen en rationalisaties. Het eigenlijke motief was natuurlijk dat hij angst probeerde te vermijden. Dit uitstel ontmoedigde de therapeut, die dacht: 'Zo komen we er niet: de therapie loopt niet, dat vermijden is niet nodig en ook niet goed, en ik moet hem toch tot blootstelling brengen.' Het gevolg was dat de therapeut hem kritischer ging confronteren met zijn vermijding en probeerde hem in de richting van meer blootstelling te duwen. Cliënt oefent na twintig sessies cognitieve gedragstherapie nog niet met zelfblootstelling aan zijn angstig piekeren.

De therapeut besluit de stagnatie in te brengen in zijn intervisiegroep en maakt ter voorbereiding de volgende zelfanalyse.

Situatie (A): Cliënt klaagt veel over negatieve gevoelens waar hij over piekert, maar oefent de voorgestelde opdrachten thuis niet.
Gedachten van de therapeut: zie ◘ tab. 5.3.
Gevoel van de therapeut (C): ontmoediging.

◘ **Tabel 5.3** Toetsing van de gedachten van de ontmoedigde therapeut

gedachten van de therapeut (B)	toetsing (D)	
1. Hij oefent al ruim twintig sessies niet	waar	niet helpend
2. Zonder oefenen blijf je piekeren	waar	niet helpend
3. Tegen dat vermijden kun je als therapeut nooit op	niet waar	niet helpend
4. Hij heeft steeds wel heel intelligente smoezen	waar	niet helpend

Gedrag van de therapeut (C): afhaken.
Alternatieve en evenwichtige gedachten (E) van de therapeut (waar en helpend):
1. Motiveren tot oefenen maakt deze cliënt angstig en is een zaak van lange adem
2. Piekeren is een vorm van vermijding en past bij zijn persoonlijkheidsstoornis
3. Als therapeut motiveer je de cliënt om zijn vermijding geleidelijk op te geven
4. Een cliënt met vermijdende persoonlijkheidstrekken en ook nog hoogbegaafd is een langdurig proces

Doel van de therapeut (G):
— minder ontmoediging, meer vertrouwen
— cliënt motiveren voor zelfblootstelling

Commentaar

De therapeut dreigt af te haken door zijn groeiende gevoel van ontmoediging. Door zijn zelfanalyse realiseert hij zich hoezeer de therapie een langdurig proces is. Zijn intervisiegroep helpt hem om met geduld tot een effectieve aanpak van het piekeren te komen door dit te heretiketteren als een slechte en zinloze gewoonte, zoals roken. Met een zelfcontroleprogramma wordt dit gedrag doorbroken. Wanneer cliënt te veel piekert, doorbreekt hij dit met een wandeling of muziek maken. In ■ fig. 5.7 is de valkuil van de ontmoedigde therapeut weergegeven.

5.6 Eigen cognities, gevoelens en gedrag van de therapeut bij hoogbegaafdheid: je best doen, belijden, vermijden of bestrijden

Er volgen nu eerst vier voorbeelden van therapeuten die een extra allergie voor of affiniteit met hoogbegaafde cliënten hebben ontwikkeld. Daarna bespreken we vier veelvoorkomende patronen in het reageren van therapeuten.

Casus Henk van Loon

Therapeut Henk van Loon komt uit een eenvoudig milieu. Hij was de eerste die ging studeren in een familie van hardwerkende tuinders. Docenten, medestudenten en later zijn collega's zien hem als hoogbegaafd, wat niet in zijn zelfbeeld past. Hij heeft geleerd om op te kijken tegen academici en voelde zich tussen hen snel de mindere. Ook op het lyceum voelde hij zich snel falen en had hij last van een onterecht negatief zelfbeeld. Hoogbegaafde cliënten roepen snel zijn gevoel tekort te schieten op en maken hem onzeker. Hij vermijdt daarom over hoogbegaafdheid te praten. Als een collega in zijn intervisiegroep van collega-therapeuten hem hierop attent maakt, zegt hij: 'Het is net zoiets als religie, je kunt er beter niet over praten, het is een privézaak.' Interessant is ook dat hij in leertherapie dit thema en zijn hoogsensitiviteit intelligent heeft weten te vermijden. Zijn leertherapeut hielp hem hierbij door het geen belangrijk onderwerp te vinden en niet goed geïnformeerd te zijn.

5.6 · Eigen cognities, gevoelens en gedrag van de therapeut

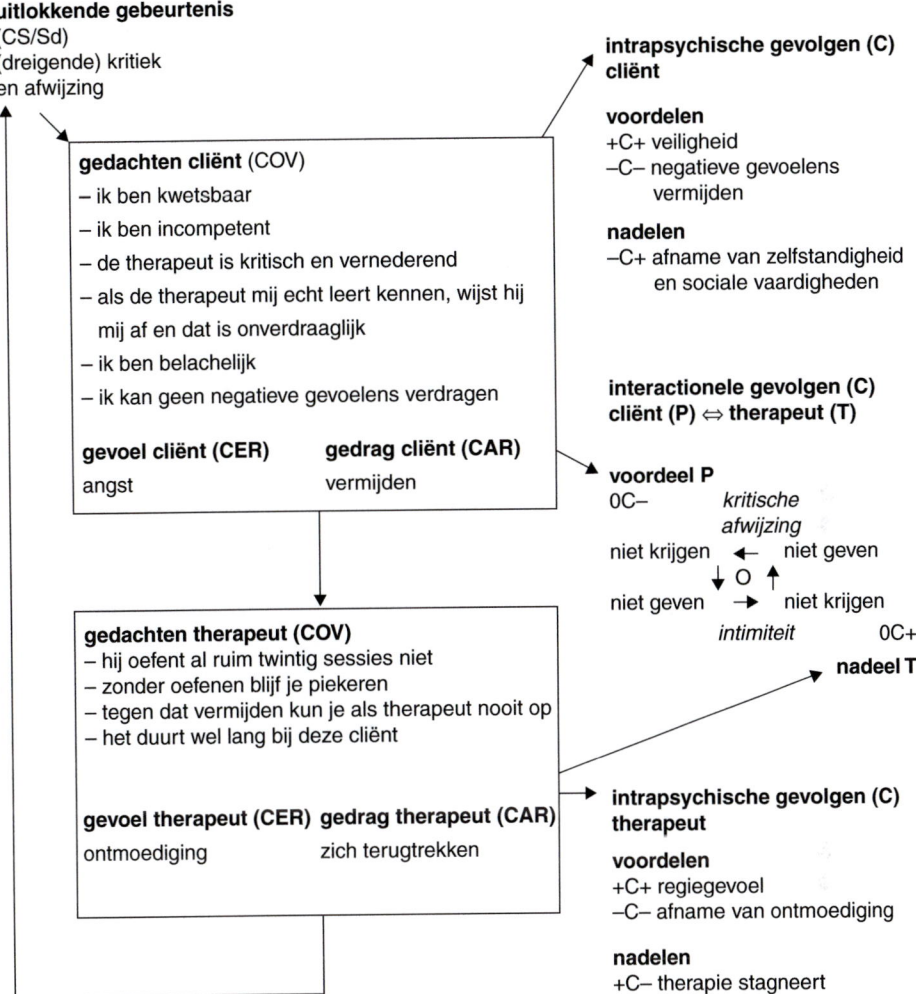

◻ **Figuur 5.7** Functieanalyse van een valkuil in de therapeutische relatie bij vermijdende persoonlijkheidstrekken: de ontmoedigde therapeut

Casus Els Seldenrust

Therapeut Els Seldenrust heeft een briljante vader, CEO van een groot internationaal bedrijf. Hij is erg narcistisch is en heeft opvallend weinig empathie voor zijn dochter en zijn medemens. Hij is trots op zijn twee zonen, die net als hijzelf materieel geslaagd zijn, de oudste als bankier en de tweede als vastgoedontwikkelaar. Moeder is een meegaande, afhankelijke vrouw, die vader bewondert en verzorgt. Els heeft al vroeg besloten om autonoom haar gang te gaan en van beide ouders geen steun en echt begrip te verwachten. Zij koos voor een studie psychologie om tot echt contact met en inzicht in andere mensen te komen. Haar hoogbegaafde broers en vader begrepen hier niets van en devalueerden haar keuze als hobby. Els heeft een allergie voor hoogbegaafde mensen, die zij als arrogant en vaak niet-empathisch ziet. Wanneer zij een cliënt krijgt die denkt dat hij hoogbegaafd kan zijn, raakt zij zeer geïrriteerd en denkt: 'Verbeeld je maar niets, je bent een gewoon iemand', en zegt tegen de cliënt: 'Het gaat hier alleen om je klachten en persoonlijkheid.' Zij gaat er automatisch tegenin. Het 'H-woord' (hoogbegaafd) doet haar door de ervaring met de mannen in haar gezin meteen steigeren.

Casus Anne de Jager

Anne is een hoogsensitieve therapeut die goed kan werken met getraumatiseerde cliënten. Kwetsbare, afhankelijke en vermijdende mensen weet ze met veel vriendelijkheid en geduld tot traumaverwerking en blootstelling te motiveren. Bij haar is gevoeligheid en felheid als kind en puber niet gewaardeerd noch begrepen, maar afgekeurd en afgeremd. Door een chronisch zieke vader was de gezinsnorm opoffering en emoties vermijden. Anne voelde zich door haar intelligentie en empathie buiten het gezin staan en kwam in de zorgende rol terecht. In haar studie en werk was zij ook bescheiden en keek tegen anderen op. Bij hoogbegaafde cliënten die autonoom dachten en handelden, raakte zij snel ontmoedigd. Zij dacht weleens stiekem: 'Wat een ingewikkelde en eigenwijze cliënt, die alles beter weet. Wat doe je hier dan?' Overmatige autonomie bij de cliënt raakte haar allergie en ontmoedigde haar. Haar affiniteit ligt bij trauma en kwetsbaarheid.

Casus Ronald Aldonis

Ronald is een 'belijdend' hoogbegaafde therapeut. Door sociaal isolement als het knapste jongetje van de klas is hij gepest en is hij gaan overcompenseren. Als psycholoog ontdekte hij het concept hoogbegaafdheid en toen begreep hij zijn eigen ontwikkeling beter. Hij raakte overbetrokken bij hoogbegaafde cliënten, identificeerde zich te sterk met hen en deed aan grenzeloze zelfonthulling en suggereerde: 'Wij zijn beiden heel bijzonder.' Zijn collega's vonden dat hij te veel werkte vanuit de 'uniformiteitsmythe': alle problemen werden teruggebracht tot (meestal) niet-onderkende hoogbegaafdheid. Deze voorspelbare interpretaties werden ook een beetje saai.

Elke therapeut reageert individueel verschillend op hoogbegaafdheid. Leidt de hoogbegaafdheid tot extra onzekerheid, irritatie, ontmoediging of overbetrokkenheid bij de therapeut? Wat zijn zijn eigen cognities over hoogbegaafdheid en zijn ervaring hiermee in zijn familie, klas en studie en bij vrienden en collega's op het werk? Neigt hij automatisch tot:
1. onzekerheid en vermijden;
2. irritatie en bestrijden;
3. ontmoediging en afhaken;
4. overbetrokkenheid en belijden.

De kleuring van de algemene hoogbegaafdheid door de specifieke persoonlijkheidstrekken uit de twaalf groepen, zoals vermijdende, passief-agressieve of narcistische trekken (zie ▶ par. 2.4.2), bepaalt mede de reactie van de therapeut. Deze reageert dus zowel op

5.6 · Eigen cognities, gevoelens en gedrag van de therapeut

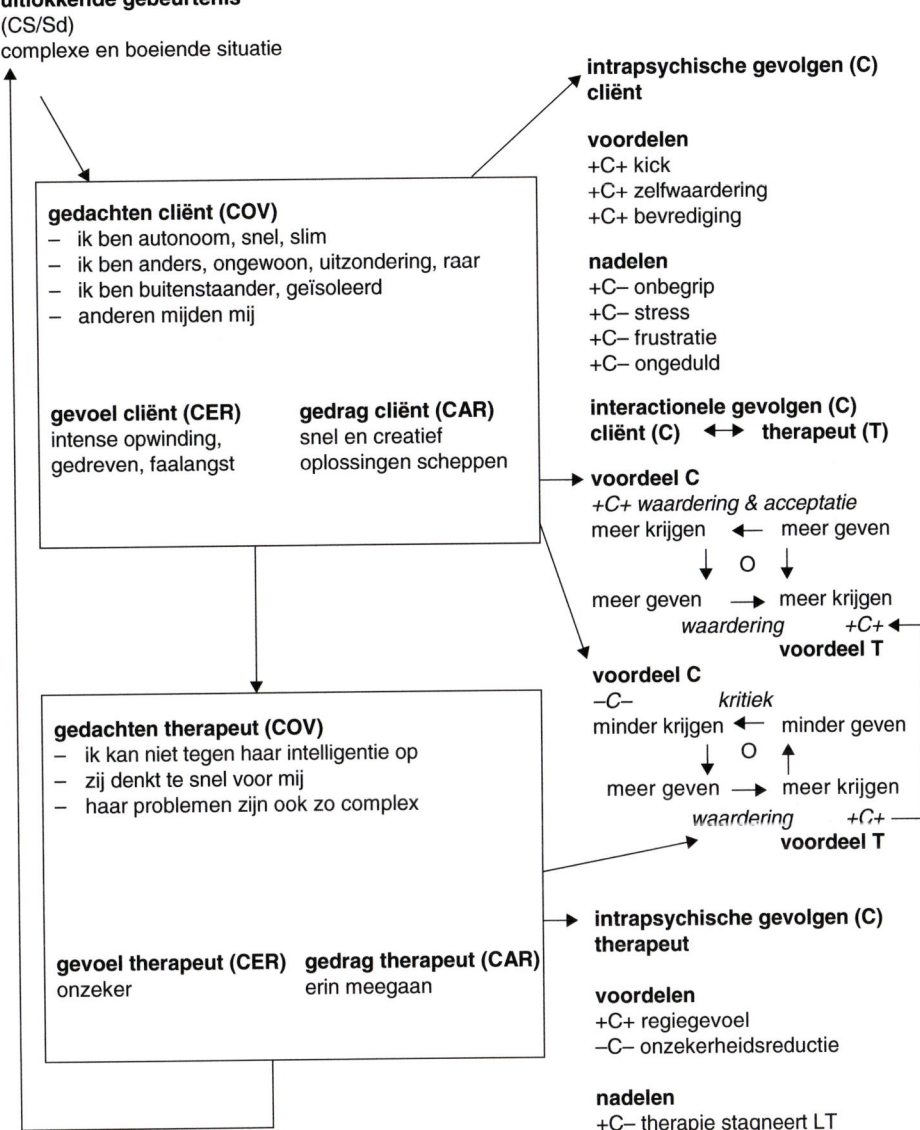

Figuur 5.8 Functieanalyse van een valkuil in de therapeutische relatie bij hoogbegaafdheid: de onzekere therapeut

de algemene trekken als op de specifieke trekken (zie ook hiervoor fig. 5.7), en hij dient zijn beide reacties in de therapeutische relatie te onderscheiden. Deze functieanalyses van de therapeutische relatie bij algemene hoogbegaafdheid worden weergegeven in fig. 5.8, 5.9, 5.10 en 5.11.

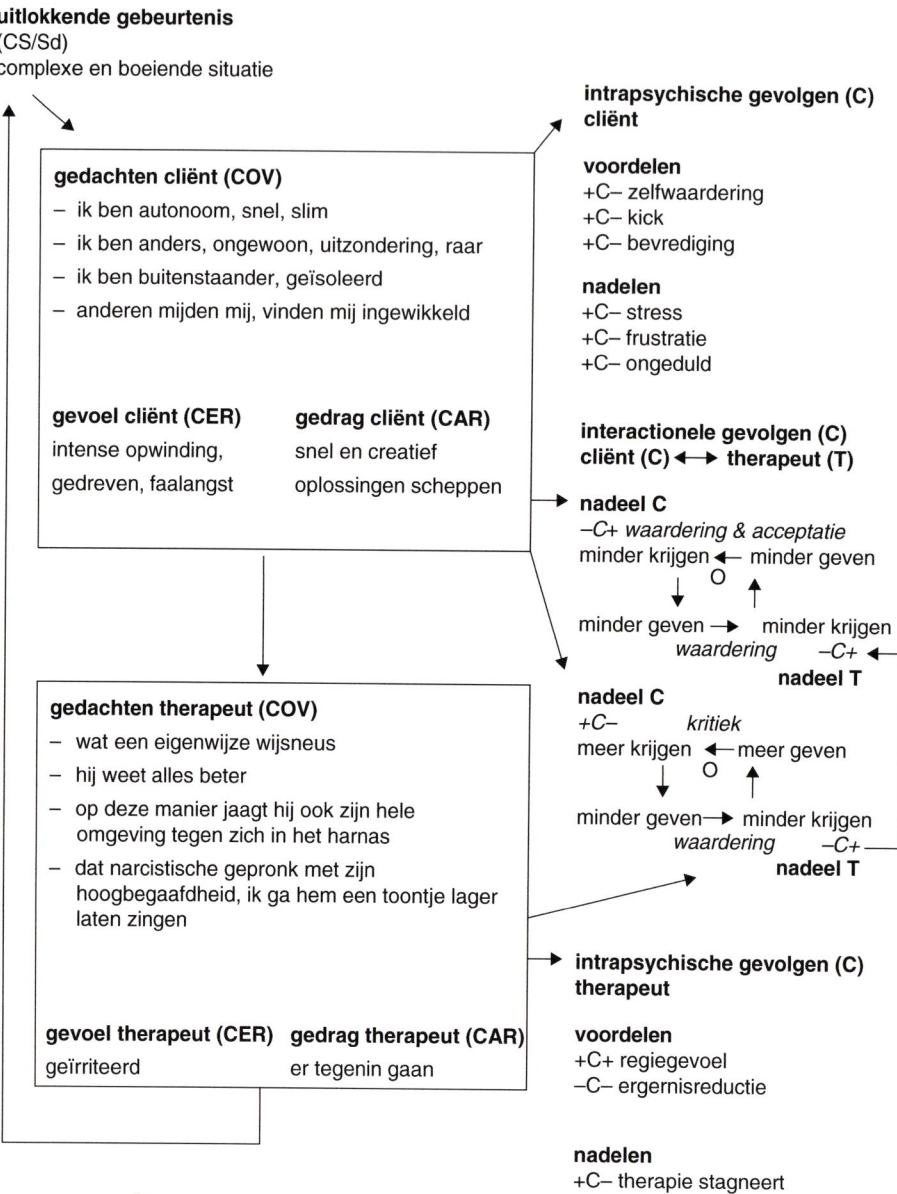

Figuur 5.9 Functieanalyse van een valkuil in de therapeutische relatie bij hoogbegaafdheid: de geïrriteerde therapeut

Commentaar

Het kerngedrag van de cliënt roept bij de therapeut in fig. 5.8 onzekerheid en als gedrag een meegaande, vermijdende reactie op. Dat geeft binnen de therapeutische relatie een wederzijdse *uitwisseling* van interpersoonlijke voordelen of nadelen tussen cliënt en therapeut. De hoogbegaafde cliënt ontvangt *meer waardering en acceptatie* (voordeel) en *minder kritiek* (voordeel) door de vermijdende reactie van de therapeut.

5.6 · Eigen cognities, gevoelens en gedrag van de therapeut

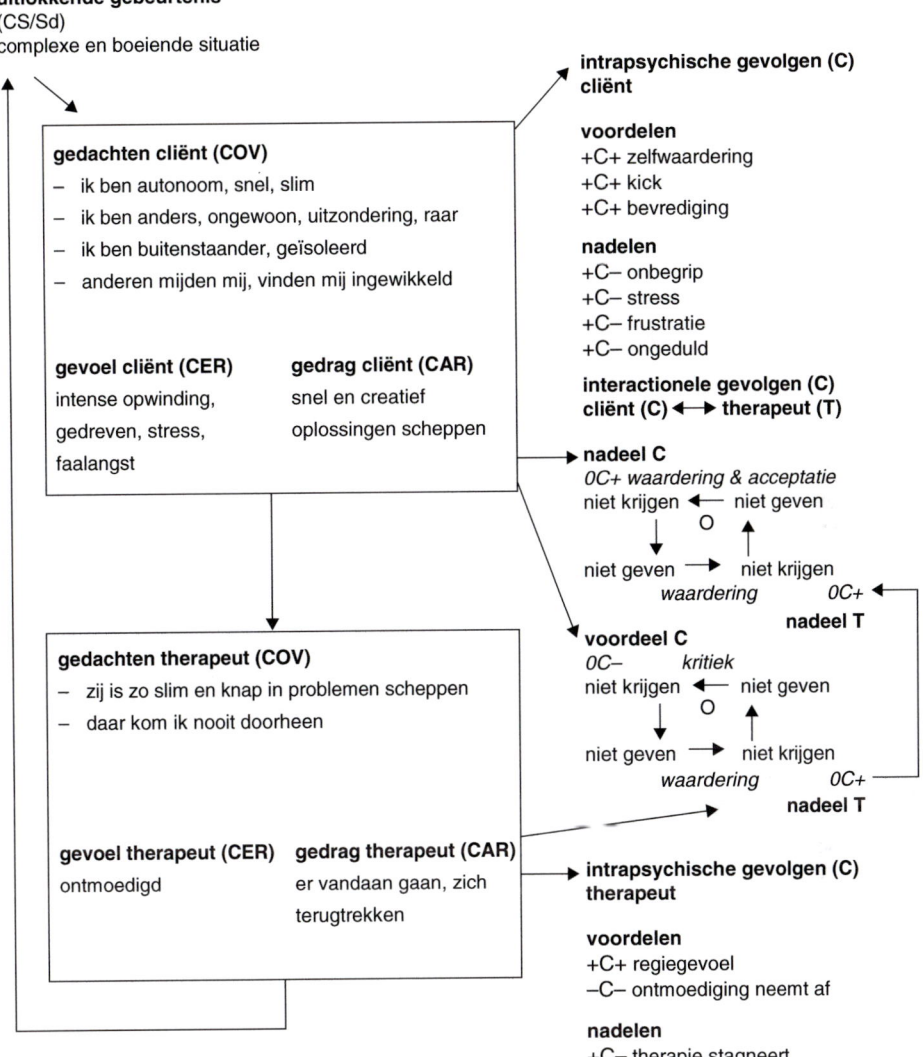

◘ **Figuur 5.10** Functieanalyse van een valkuil in de therapeutische relatie bij hoogbegaafdheid: de ontmoedigde therapeut

In 'ruil' hiervoor krijgt de therapeut *meer waardering* terug (voordeel) van de cliënt. Deze ruil wordt een vicieuze cirkel en houdt het gedrag van cliënt en therapeut in stand en versterkt het gedrag van beiden door wederzijdse bekrachtiging. Hierdoor gaat de therapie stagneren.

■ **Commentaar**

Het kerngedrag van de cliënt roept bij de therapeut in ◘ fig. 5.9 irritatie op en leidt ertoe dat hij tegen de cliënt ingaat. Dat geeft binnen de therapeutische relatie een wederzijdse *uitwisseling* van interpersoonlijke voordelen of nadelen tussen cliënt en therapeut.

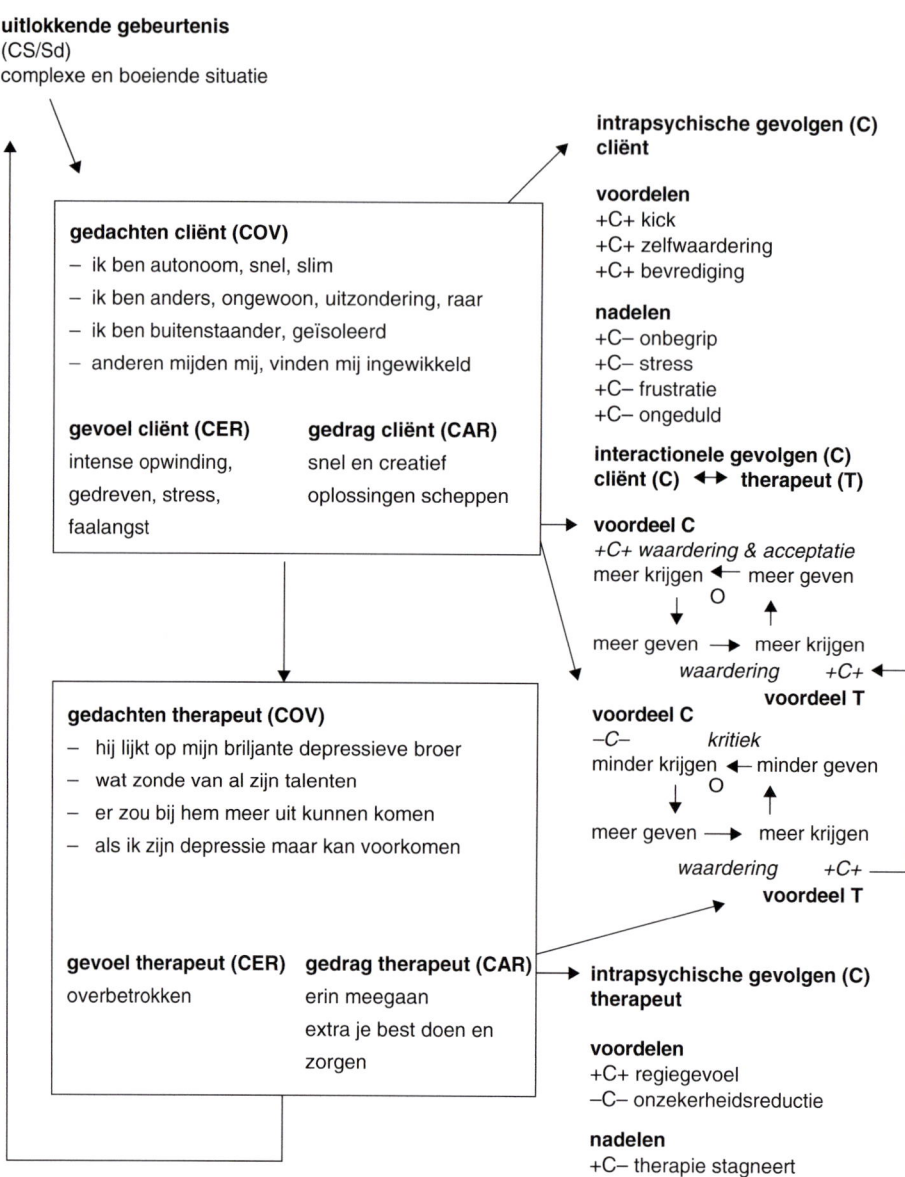

◘ **Figuur 5.11** Functieanalyse van een valkuil in de therapeutische relatie bij hoogbegaafdheid: de overbetrokken therapeut

De hoogbegaafde cliënt ontvangt *minder waardering en acceptatie* (nadeel) en *meer kritiek* (nadeel) door de tegenreactie van de therapeut. In 'ruil' hiervoor krijgt de therapeut *minder waardering* terug (nadeel) van de cliënt. Deze ruil wordt een vicieuze cirkel en verzwakt het gedrag van cliënt en therapeut door wederzijdse nadelen. Hierdoor gaat de therapie stagneren.

5.6 · Eigen cognities, gevoelens en gedrag van de therapeuts

- **Commentaar**

Het kerngedrag van de cliënt roept bij de therapeut in ◘ fig. 5.10 ontmoediging op, en hij gaat zich terugtrekken en afhaken. Dat geeft binnen de therapeutische relatie een wederzijdse *uitwisseling* van interpersoonlijke voordelen of nadelen tussen cliënt en therapeut. De hoogbegaafde cliënt ontvangt *geen waardering en acceptatie* (nadeel) en ook *geen kritiek* (voordeel) door de terugtrekkende reactie van de therapeut. In 'ruil' hiervoor krijgt de therapeut *geen waardering* terug (nadeel) van de cliënt. Deze ruil wordt een vicieuze cirkel en verzwakt het gedrag van cliënt en therapeut door wederzijdse nadelen. Hierdoor gaat de therapie stagneren.

- **Commentaar**

Het kerngedrag van de cliënt roept bij de therapeut in ◘ fig. 5.11 overbetrokkenheid, en leidt ertoe dat hij meegaand wordt en zijn best gaat doen. Dat geeft binnen de therapeutische relatie een wederzijdse *uitwisseling* van interpersoonlijke voordelen of nadelen tussen cliënt en therapeut. De hoogbegaafde cliënt ontvangt *meer waardering en acceptatie* (voordeel) en *minder kritiek* (voordeel) door de vermijdende reactie en het zijn best doen van de therapeut. In 'ruil' hiervoor krijgt de therapeut *meer waardering* terug (voordeel) van de cliënt. Deze ruil wordt een zelfversterkende, vicieuze cirkel en houdt het gedrag van cliënt en therapeut in stand en versterkt het gedrag van beiden door wederzijdse reinforcement (bekrachtiging). Hierdoor gaat de therapie stagneren.

De therapeut verandert na zelfanalyse en functieanalyse van de therapeutische relatie zijn manier van reageren, waardoor de vastgelopen therapeutische relatie weer tot ontwikkeling kan komen. In het algemeen kiest hij een autonome weg tussen te veel meegaan met de door de cliënt opgeroepen reactie of er te veel tegen ingaan of zich er te zeer van distantiëren. De therapeut is zich na zelfanalyse bewust van zijn rol als uitlokker en instandhouder van het kerngedrag van de cliënt met hoogbegaafdheid in combinatie met persoonlijkheidstrekken. Hij corrigeert zijn eigen reactie. Het gaat om de reactie op hoogbegaafdheid in het algemeen met daarbij ook de reactie op de specifieke persoonlijkheidstrekken, die de reactie van de therapeut verder kleuren.

Het therapeutische alternatief bij de cliënt met narcistische persoonlijkheidstrekken is niet terugkwetsen en ook niet de bewonderende rol innemen, maar zich adequaat kwetsbaar tonen. De therapeut gebruikt de techniek van de empathische confrontatie om het gevoel van gekwetstheid en het concrete gedrag van de cliënt waardoor dat gevoel werd opgeroepen op een niet-aanvallende manier aan de cliënt voor te leggen. Bijvoorbeeld door te zeggen: 'Ik vind het erg onprettig dat je dat zegt; het kwetst mij.'

De therapeut van de cliënt met vermijdende persoonlijkheidstrekken gaat niet met de cliënt mee in het vermijden en gaat ook niet te hard aan de cliënt trekken, maar bespreekt diens angst voor zelfonthulling. Hij exploreert het beeld dat de cliënt van de ander heeft als kritisch en vernederend. De cliënt leert in gedragsexperimenten te toetsen of anderen ook werkelijk zo kritisch en vernederend zijn.

Met behulp van de socratische dialoog gaat de therapeut de centrale aannames, het zelfbeeld en het beeld van de ander, inclusief dat van de therapeut, bewust maken, toetsend bevragen en veranderen. In een relatiegericht therapieplan (Sprey 2009) wordt een interactiestrategie uitgestippeld die therapiebevorderend gedrag bij de cliënt moet versterken. De functieanalyse van de therapeutische relatie wordt bij stagnatie van het therapeutische proces kritisch geëvalueerd, en zo nodig wordt de functieanalyse van de therapeutische relatie en van de persoonlijkheidstrekken herzien.

- **Wat vereist een psychotherapie bij hoogbegaafdheid van een therapeut?**

Een therapeut moet hoogbegaafdheid boeiend en niet bedreigend vinden. Hij hoeft niet per se zelf hoogbegaafd te zijn, maar wel begaafd en een universitair niveau hebben. Hij moet vooral in staat zijn tegenspel te geven op intellectueel en emotioneel gebied, zonder de cliënt te willen overtreffen. Hij moet bestand zijn tegen intelligente en sensitieve kritiek en de hoge autonomie van de kant van de cliënt en daar empathisch en als een feilbaar voorbeeld (modeling) op reageren. Hij moet zich door zelfanalyse bewust zijn van zijn tegenoverdracht en deze benutten in empathische confrontatie van zijn gevoel zoals dat concreet wordt opgeroepen in de relatie met zijn cliënt.

5.7 Oefen- en reflectiegedrag, dubbel kerngedrag, symptoomgedrag en therapeutgedrag: het 'vijfhoekmodel' bij hoogbegaafdheid

Na de zelfanalyse van de therapeut en het maken van een functieanalyse van de therapeutische relatie blijkt het therapeutengedrag een vijfde belangrijke factor te zijn in de 'vijfhoek' (fig. 5.12).

Symptoomgedrag, oefengedrag en dubbel kerngedrag van de cliënt beïnvloeden elkaar, en daar komt als vijfde factor nog het therapeutgedrag bij. De vijfhoek is het 'speelveld' van de therapeutische relatie; het meeste cliëntgedrag speelt zich echter daarbuiten af.

Symptoomgedrag is de gedragskant van de symptoomstoornis, bijvoorbeeld:
- angstig vermijdingsgedrag;
- agressief aanvallend gedrag;
- depressief terugtrekgedrag.

In de protocollen voor symptoomgedrag staan aanbevolen technieken waarvan de werkzaamheid empirisch is bewezen, zoals blootstelling bij angst, zelfcontrole bij agressie, operante activering en cognitieve therapie bij depressie, en taakconcentratie bij een sociale fobie (Keijsers et al. 2011).

Algemeen kerngedrag van de hoogbegaafde is snel en creatief oplossingen scheppen.

De definitie van *kerngedrag* bij *specifieke* persoonlijkheidstrekken is transsituationeel en transtemporeel gedrag. Bijvoorbeeld: de narcist devalueert, de vermijder vermijdt en de dwangmatige doet overmatig zijn best, gedurende langere tijd en in vele situaties.

Bij het *oefengedrag* wordt zelden 'volgens het boekje' geoefend: cliënten met persoonlijkheidstrekken of persoonlijkheidsstoornissen oefenen niet, te weinig, lukraak, te veel of anders (Sprey 2009). De cliënt met histrionische persoonlijkheidstrekken maakt charmant oefenend indruk, de vermijdende vermijdt het om te oefenen. De narcist devalueert oefenen als 'ordinair'. De dwangmatige perfectionist oefent zich over de kop.

5.7 · Oefen- en reflectiegedrag, dubbel kerngedrag, symptoomgedrag

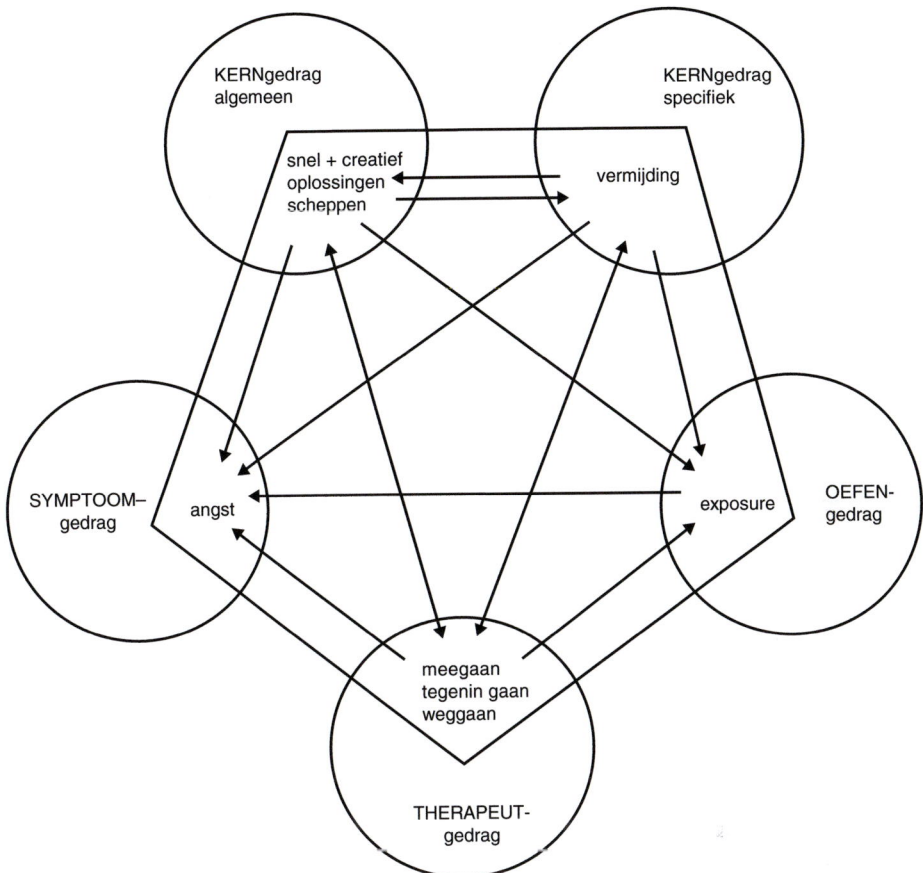

Figuur 5.12 Vijfhoekmodel bij de hoogbegaafde met vermijdende persoonlijkheidstrekken

Kortom: oefengedrag is kerngedrag geworden, en de protocollen werken tijdelijk of langdurig niet. We komen op het terrein van de interactiestoornissen, ook in de therapeutische relatie. Deze vijf factoren vormen het vijfhoekmodel met pijlen die de onderlinge relaties visualiseren. In de ingewikkelde therapeutische relatie komen al deze relaties en gedragingen samen.

Bijlagen

Bijlage A Screeningsdefinitie – 132

Bijlage B: Screening van hoogbegaafdheid met voor-/nadelenbalans – 133

Bijlage C: Holistische theorie bij hoogbegaafdheid – 135

Bijlage D: Functieanalyse bij hoogbegaafdheid – 137

Bijlage E: Behandelplan bij hoogbegaafdheid – 138

Bijlage F: Functieanalyse van de therapeutische relatie – 139

Literatuur – 143

Register – 147

© Bohn Stafleu van Loghum is een imprint van Springer Media B.V., onderdeel van Springer Nature 2020
A. Sprey, *Praktijkboek hoogbegaafdheid in psychotherapie*, https://doi.org/10.1007/978-90-368-2491-0

Bijlage A Screeningsdefinitie

Screeningsdefinitie

Een hoogbegaafd persoon is in ieder geval hoogintelligent en heeft daarnaast minstens *vijf* van de andere negen persoonlijkheidskenmerken:
1. hoogintelligent (IQ > 130);
2. intens voelend, hoogsensitief en/of sterk prikkelgevoelig;
3. snel, complex, veelzijdig en divergent denkend;
4. idealistisch en met een sterk rechtvaardigheidsgevoel;
5. asynchroon in de persoonlijke ontwikkeling (motorisch, sociaal en intellectueel);
6. nieuwsgierig, met een intens, breed en/of ongewoon interessepatroon;
7. snel en creatief oplossingen scheppend;
8. autonoom denkend;
9. autonoom handelend;
10. perfectionistisch.

Deze screeningsdefinitie is gebaseerd op Webb et al. (2012) voor de kenmerken 1 t/m 7, met toestemming overgenomen, op Kuipers en Van Kempen (2007) voor kenmerk 8 en 9, en op Rogers en Silverman (1997) voor kenmerk 10.

Bijlage B: Screening van hoogbegaafdheid met voor-/nadelenbalans

HB-kenmerk	sterkte 0–10 ZO/AO	voordelen	nadelen
hoogintelligent IQ ≥ 130			
intens voelend hoogsensitief overmatig prikkelgevoelig (HSP/OE)			
snel denkend complex denkend divergerend			
idealistisch en met een sterk rechtvaardigheidsgevoel			
asynchrone ontwikkeling (leergeschiedenis) motorisch, sociaal, intellectueel			
nieuwsgierig met een intens, breed of ongewoon interessepatroon			
snel en creatief oplossingen scheppend			
autonoom denkend			
autonoom handelend			
perfectionistisch			

Deze screeningsdefinitie is gebaseerd op Webb et al. (2012) voor de kenmerken 1 t/m 7, met toestemming overgenomen, op Kuipers en Van Kempen (2007) voor kenmerk 8 en 9 en op Rogers en Silverman (1997) voor kenmerk 10.

Geef een cijfer van 0 (helemaal niet van toepassing) tot en met 10 (helemaal van toepassing) met behulp van zelfoordeel, oordeel door een ander en therapeutenoordeel. Vraag de cliënt eveneens om zijn eigen voor-/nadelenbalans op te schrijven. Kijk naar de onderlinge correlatie, en corrigeer voor overschatting of onderschatting door de cliënt.

Uitwerking: zes of meer kenmerken met een score gelijk aan of boven 7,5 wijzen op hoogbegaafdheid. Je kunt dit bij twijfel of bij weinig zelfinzicht bij cliënt aanvullen met een oordeel door een 'gezonde', belangeloze ander uit de directe omgeving van de cliënt en een klinisch oordeel. Zo nodig toets je met tests.

Bijlage C: Holistische theorie bij hoogbegaafdheid

	S	O	R (CER/CAR)	C
VROEG		leergeschiedenis		
0–10 jaar				
10–20 jaar				
20–30 jaar				
30–40 jaar				
40–50 jaar				
50–60 jaar				

	S	O	R (CER/CAR)	C
MIDDEN	stress of steun, verwacht of reëel	coping, trekken, kerncognities, etc.	kerngedrag	balans van voor- (+) en nadelen (−)
	stress	copingstijl		
		pathologische trekken DSM-5		
	steun	algemene DSM-5-trekken		
		vijf factoren		
		kerncognities/schema's		
		kernthema		
STAART	specifieke symptoomuitlokker	interactiediagnose	symptoom- gedrag	balans van voor- en nadelen
	specifieke symptoomuitlokker	temperament		
	achtergrondstress	persoonlijkheids- disfunctioneren identiteit zelfsturing empathie intimiteit		
		somatiek		
		intelligentie		

©2020 te downloaden op www.adriaansprey.nl.

Bijlage D: Functieanalyse bij hoogbegaafdheid

Functieanalyse (algemeen) bij hoogbegaafdheid

uitlokkende gebeurtenis
(CS/Sd)

denkproces
snel, complex,
hoogassociatief/
divergerend en autonoom

complexe en boeiende situatie
(boeiend of nieuwsgierig makend)

gedachten
(COV)
- ik ben autonoom, sneldenkend en creatief
- ik ben anders dan anderen
- ik ben nieuwsgierig en heb vele en intense interesses
- ik ben verantwoordelijk
- ik moet competent zijn
- alles moet perfect en rechtvaardig verlopen
- ik wil dingen (de wereld) verbeteren
- ik wil eerlijk en rechtvaardig zijn (of ben gedesillusioneerd)
- ik ben slimmer maar mis vaardigheden op sociaal, sportief of gebied
- voor mij gelden andere regels
- anderen zijn anders, slimmer of minder slim, jaloers of bewonderend, meer sociaal of sportief
- gewoon zijn en gewoon meedoen is voor mij niet bereikbaar
- ik ben een uitzondering en hoor er niet bij
- anderen sluiten mij buiten
- anderen mogen mij niet
- anderen vinden mij raar

gevoelsproces
intens, meestal sterk prikkelgevoelig en hoogsensitief

gevoel
(CER)
gedreven, intense opwinding, stress, faalangst

gedrag
(CAR)
snel en creatief oplossingen scheppen

gevolgen
(C)
voordelen
+C+ trots, zelfwaardering
+C+ waardering, acceptatie, bewondering van de omgeving
+C+ bevrediging, flow, kick
+C+ schepping
–C– saaiheid neemt af

nadelen
–C+ er minder bij horen
–C+ anderen haken af
+C– negatieve reacties vanuit de omgeving, onzekerheid, jaloezie, ergernis
0C+ geen tegenspel
+C– sociaal isolement
+C– onbegrip
+C– haast, ongeduld
+C– stress, moe
+C– frustratie, onvrede

Bijlage E: Behandelplan bij hoogbegaafdheid

aangrijpingspunt	therapiedoelen	technieken
uitlokkende gebeurtenis (CS/Sd)	complexe en boeiende situaties en te veel / te brede interesses verminderen	voorlopige vermijding stopmechanisme zelfcontrole responspreventie
denkproces	complexiteit vereenvoudigen snel, hoogassociatief denken vertragen van divergeren naar convergeren van autonoom naar empathie	aandachtsconcentratietraining cognitief dagboek convergeertraining
gedachten (COVO) inhoud van specifieke trekken	zelfbeeld verbeteren gedachten bij specifieke trekken	positief witboek, COMET cognitieve therapie
gevoelsproces	*intens meestal sterk prikkelgevoelig en hoogsensitief*	de-intensiveren desensitisatie hersteltijd
gevoel (CER) algemeen	gedreven, intense opwinding doseren stress ▼ faalangst ▼ ongeduld ▼	relaxatie zelfhypnose EMDR mindfulness hartcoherentie
gevoel (CER) inhoud van specifieke trekken	gevoel bij specifieke trekken verbeteren	COMET relaxatie hypnose imaginaire rescripting rollenspel EMDR
gedrag (CAR) snel en creatief oplossingen scheppen	verbeteren creatieve stagnatie minder problemen scheppen, maar meer oplossen	zelfregistratie rollenspel slow, aandachtig vertragen mindfulness zelfblootstelling cognitieve therapie
gevolgen (C)	nadelen verkleinen voordelen vergroten > zie functieanalyse	bewustmaking en andere (zelf) bekrachtiging voor betere voor-/nadelenbalans

Bijlage F: Functieanalyse van de therapeutische relatie

Functieanalyse van een valkuil in de therapeutische relatie bij hoogbegaafdheid: de onzekere therapeut

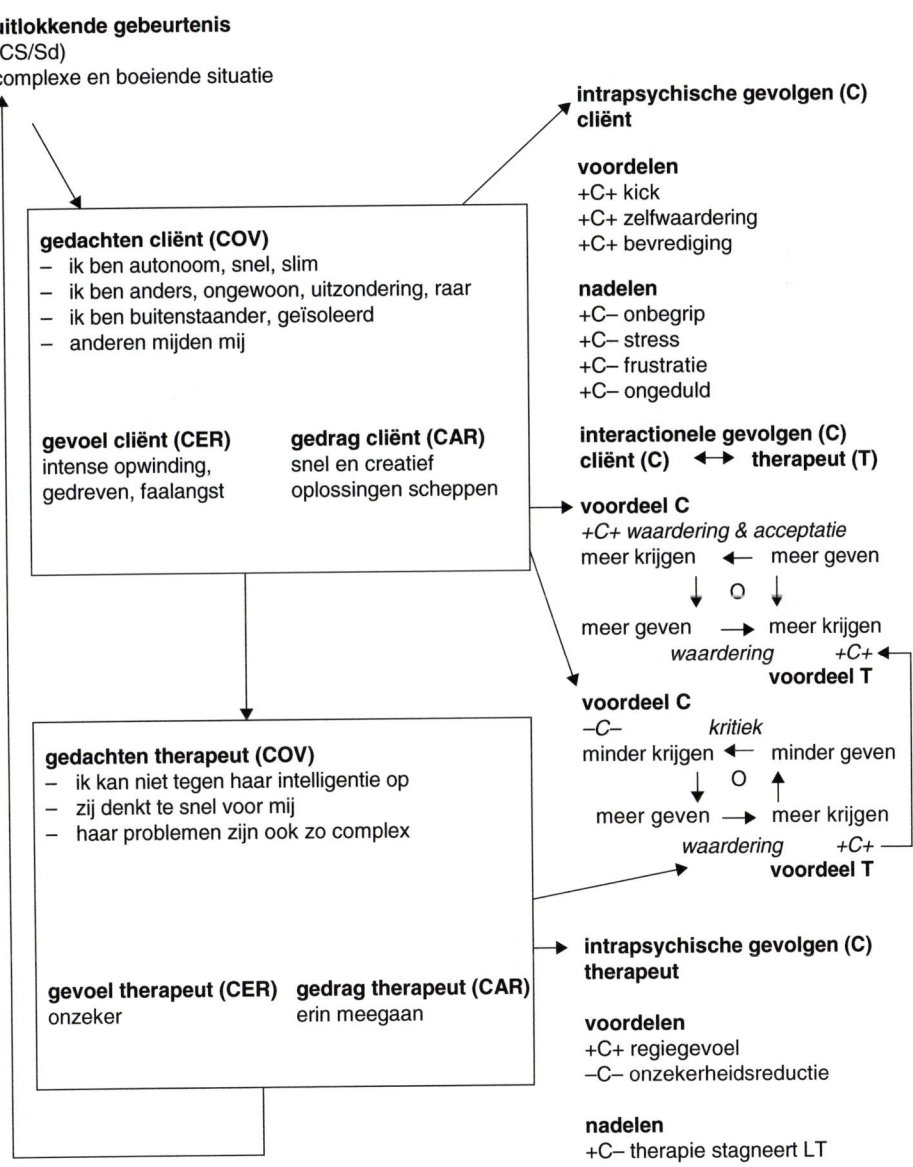

Functieanalyse van een valkuil in de therapeutische relatie bij hoogbegaafdheid: de geïrriteerde therapeut

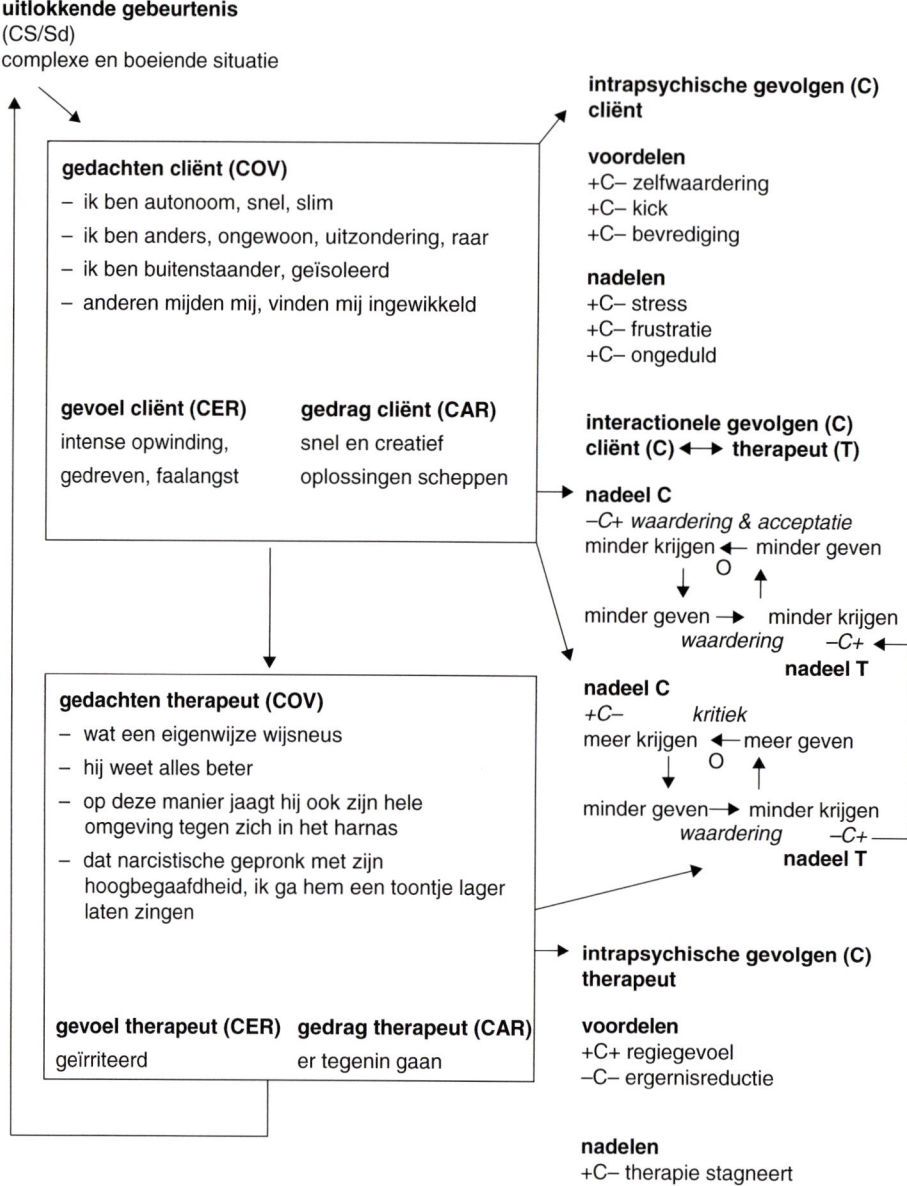

Bijlage F: Functieanalyse van de therapeutische relatie

Functieanalyse van een valkuil in de therapeutische relatie bij hoogbegaafdheid: de ontmoedigde therapeut

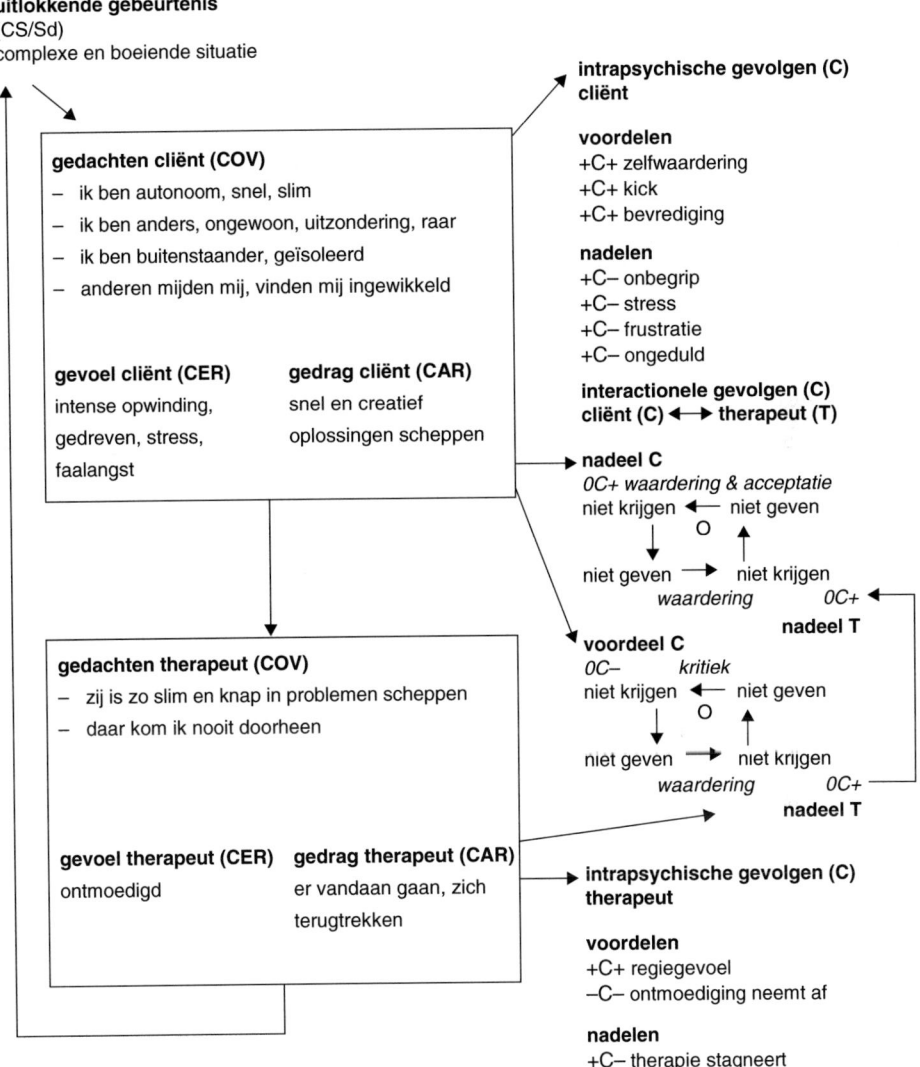

Functieanalyse van een valkuil in de therapeutische relatie bij hoogbegaafdheid: de overbetrokken therapeut

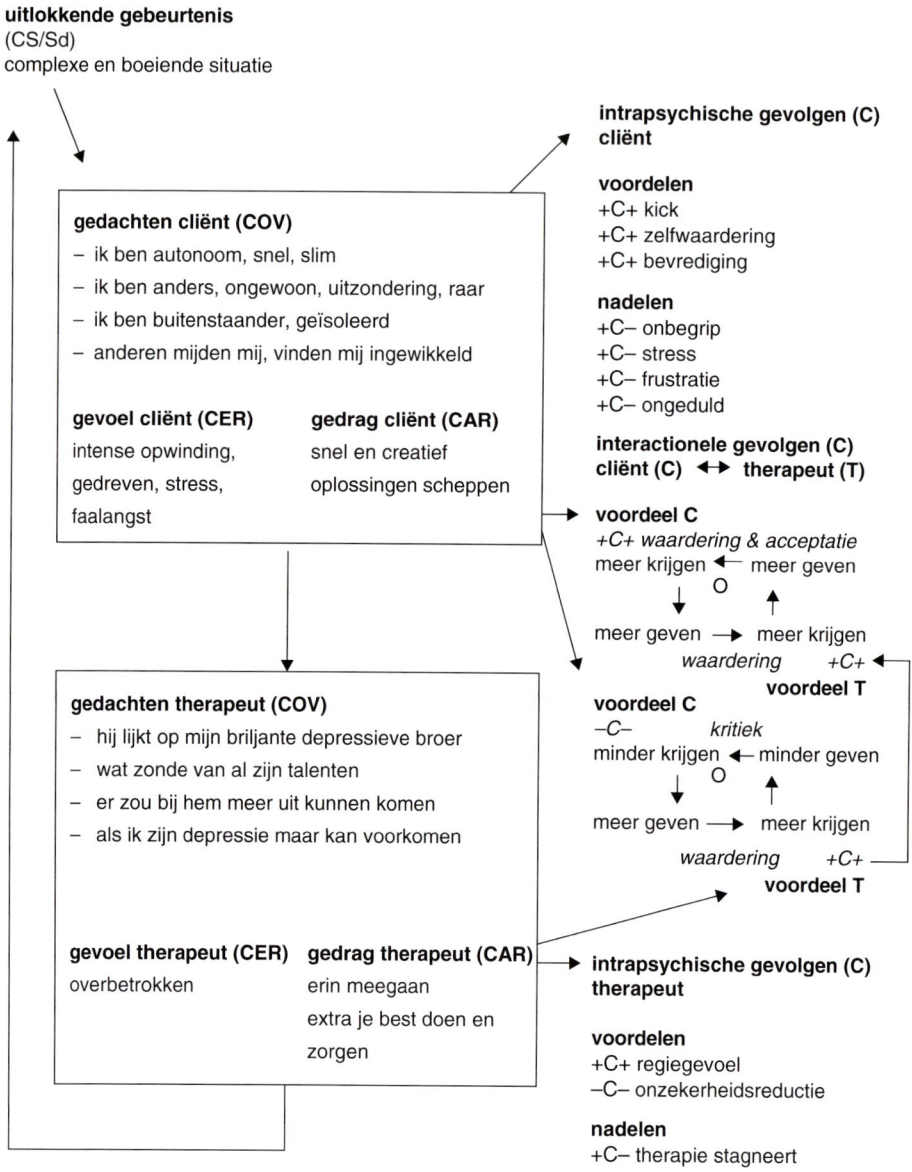

Literatuur

A-Tjak, J. & De Groot, F. (Red.). (2008). *Acceptance & Commitment Therapy – Een praktische inleiding voor hulpverleners*. Houten: Bohn Stafleu van Loghum.

APA, American Psychiatric Association (2013). *Diagnostic and statistical manual of mental disorders* (5ᵉ druk). Washington DC: American Psychiatric Press.

APA, American Psychiatric Association (2014). *DSM-5. Handboek voor de classificatie van psychische stoornissen*. Nederlandse vertaling van Diagnostic and statistical manual of mental disorders (5th ed.). Amsterdam: Boom.

Aron, E. N. (2002). *Hoog sensitieve personen – Hoe blijf je overeind als de wereld je overweldigt*. Amsterdam: Archipel Uitgeverij.

Aron, E. N. (2010). *Hoog sensitieve personen en psychotherapie*. Amsterdam: Singel Uitgeverijen.

Aron, E. N. & Aron, A. (1997). Sensory-processing sensitivity and its relation to introversion and emotionality. *Journal of Personality and Social Psychology, 73*(2), 345–368. ▶ https://doi.org/10.1037/0022-3514.73.2.345.

Bartholomew, K. & Horowitz, L. M. (1991). Attachment styles among young adults: A test of a four-category model. *Journal of Personality and Social Psychology, 61*, 226–244.

Beck, J. S. (1995). *Cognitive therapy: Basics and beyond*. New York: Guilford Press.

Beck, A. T. (1964). Thinking and depression: II. Theory and therapy. *Archives of General Psychiatry, 10*, 561–571.

Beck, A. T., Freeman, A., Davis, D. D., et al. (2004). *Cognitive therapy of personality disorders* (2ᵉ druk). New York: Guilford Press.

Beck, A. T., Freeman, A., Pretzer, J., et al. (1990). *Cognitive therapy of personality disorders*. New York: Guilford Press.

Bernard, J. (2009). *De therapeut 'over de rooie': als impulsivo's zich niet aan het protocol houden*. Symposium, Najaarscongres VGCt, Veldhoven, 11–13 november, 2009.

Bernard, J. & Van Waegeningh, D. (2012). *Over de rooie*. Amsterdam: Boom.

Berretty, E. (2002). *Leven met een dwangmatige persoonlijkheidsstoornis*. Houten: Bohn Stafleu van Loghum.

Berretty, E. (2005). *Leven met een afhankelijke persoonlijkheidsstoornis*. Houten: Bohn Stafleu van Loghum.

Berretty, E. & Korrelboom, K. (2003). *Leven met een ontwijkende persoonlijkheidsstoornis*. Houten: Bohn Stafleu van Loghum.

Bleijenberg, G., Van der Horst, H., Van der Meer, J., & Knoop, H. (Red.). (2012). *Handboek chronische vermoeidheid*. Utrecht: de Tijdstroom.

Brantley, J. (2014). *Angst beheersen met mindfulness: Hoe aandacht en compassie je kunnen bevrijden van angst en paniek*. Amsterdam: Nieuwezijds.

Brewin, Ch. R. (2006). Understanding cognitive behaviour therapy: A retrieval competition account. *Behaviour Research and Therapy, 44*, 765–784.

Brinkman, W. (1978). Het gedragstherapeutisch proces. In J. W. G. Orlemans, P. Eelen & W. P. Haaijman (Red.), *Handboek voor gedragstherapie* (H. A1 t/m A14). Deventer: Van Loghum Slaterus.

Cain, S. (2016). *Stil – De kracht van introvert zijn in een wereld die niet ophoudt met kletsen*. Amsterdam: Rainbow.

Cloninger, C. R. (2000). A practical way to diagnosis personality disorder: A proposal. *Journal of Personality Disorders, 14*(2), 99–108.

Cloninger, C. R. & Svrakic, D. M. (1997). Integrative psychobiological approach to psychiatric assessment and treatment. *Psychiatry, 60*, 120–141.

Cloninger, C. R., Svrakic, D. M., & Przybeck, Th. R. (1993). A psychobiological model of temperament and character. *Archives of General Psychiatry, 50*, 977–991.

Cloninger, C. R., Przybeck, Th. R, Svrakic, D. M., et al. (1994). *The Temperament and Character Inventory (TCI): A guide to its development and use*. St. Louis: Center for psychobiology and personality, Washington University.

Costa, P. T. Jr. & McCrae, R. R. (1992). *NEO-P-R: Professional manual*. Odessa, Florida: Psychological Assessment Resources.

Dabrowski, K. (1972). *Psychoneurosis is not an illness: neuroses and psychoneuroses from the perspective of positive disintegration*. London: Gryf Publications.

De Groot, A. D. (1961). *Methodologie*. Den Haag: Mouton.

De Jongh, A. & Ten Broeke, E. (2003). *Handboek EMDR*. Amsterdam: Pearson.

De Raad, B. & Doddema-Winsemius, M. (2006). *De Big 5 persoonlijkheidsfactoren: Een methode voor het beschrijven van persoonlijkheidseigenschappen*. Amsterdam: Nieuwezijds.

De Neef, M. (2010a). *Negatief zelfbeeld*. Amsterdam: Boom.

De Neef, M. (2010b). Cognitieve gedragstherapeutische behandeling van een negatief zelfbeeld. *Psychopraxis, 3*. Houten: Bohn Stafleu van Loghum.

De Neef, M. (2013). *Ik? Ik stel niks voor*. Amsterdam: Boom.
De Neef, M. (2018). *Negatief zelfbeeld behandelen – Tips & tools voor therapeuten*. Amsterdam: Boom.
De Viersprong (2019). Korte zelftest van de STiP5.1. ▶ https://www.deviersprong.nl/wp-content/uploads/2016/06/LPFS-BF-2.0-Nederlands.pdf. Laatst bezocht op 3 februari 2020.
Duijsens, I. J. (1996). *Assessment of personality disorders: Construction, reliability and validity of de VKP Self-report*. Lisse: Swets & Zeitlinger.
Dyce, J. A., & O'Connor, B. P. (1998). Personality disorders and the five-factor model: A test of facet-level predictions. *Journal of Personality Disorders, 12,* 31–45.
Falk, F., Lind, S., Miller, N. B., Piechowski, M. M., & Silverman, L. K. (1999). *The Overexcitability Questionnaire-Two (OEQ-II): Manual, scoring system, and questionnaire*. Westminster: Institute for the Study of Advanced Development.
Germer, C. (2012). *Mindfulness en zelfcompassie: Verlos jezelf van destructieve gedachten en emoties*. Amsterdam: Nieuwezijds.
Giesen-Bloo, J., Van Dyck, R., Van Spinhoven, Ph, et al. (2006). Outpatient psychotherapy for borderline personality disorder: Randomized trial of schema-focused therapy vs transference-focused psychotherapy. *Archives of General Psychiatry, 63,* 649–658.
Hafkenscheid, A. (2014). *De therapeutische relatie*. Amsterdam: Boom.
Hayes, S. C., & Smith, S. (2006). *Uit je hoofd, in het leven; een werkboek voor een waardevol leven met mindfulness en acceptatie en commitment therapie*. Amsterdam: Uitgeverij Nieuwezijds.
Hermans, D., Raes, F., & Orlemans, H. (2018). *Inleiding tot de gedragstherapie. 7e druk*. Houten: Bohn Stafleu van Loghum.
Hoekstra, H. A., Ormel, J., & De Fruyt, F. (1996). *NEO PI-R – NEO FFI. Big five persoonlijkheidsvragenlijsten. Handleiding*. Lisse: Swets & Zeitlinger.
Hoencamp, E., & Spinhoven, Ph. (1991). De beslissing om hypnose toe te passen: Indicaties, contra-indicaties en mogelijke nadelige gevolgen. In R. van Dyck, Ph. Spinhoven & J. W. van der Does (Red.), *Hypnose en hypnotherapie* (pag. 117–130). Houten/Zaventem: Bohn Stafleu van Loghum.
Hofstee, W. K. B. (1990). Het diagnostisch proces. In F. Luteijn, B. G. Deelman & P. M. G. Emmelkamp (Red.), *Diagnostiek in de klinische psychologie*. Houten/Diegem: Bohn Stafleu van Loghum.
Hoogendijk, W., & De Rek, W. (2017). *Van big bang tot burn-out*. Amsterdam: Balans.
Hopwood, C. J., Morey, L. C., Markowitz, J. C., et al. (2009). The construct validity of passive-aggressive personality disorder. *Psychiatry Fall, 72,* 256–267.
Horney, K. (1939). *New ways in psychoanalysis*. New York: W.W. Norton & Co.
Hutsebaut, J., Berghuis, H., Kaasenbrood, A., De Saeger, H., & Ingenhoven, Th. (2015). *Semi-gestructureerd interview voor persoonlijkheidsfunctioneren DSM-5*. Utrecht: Kenniscentrum Persoonlijkheidsstoornissen. StiP5.1. ▶ http://kenniscentrumps.nl/sites/default/files/publications/stip-5.1nw_0.pdf. Laatst bezocht op 3 februari 2020.
Hutsebaut, J., Feenstra, D. J., & Kamphuis, J. H. (2016). Development and preliminary psychometric evaluation of a brief self-report questionnaire for the assessment of the DSM-5 level of personality functioning scale: The LPFS Brief Form (LPFS-BF). *Personality Disorders, 7*(2), 192–197. ▶ https://doi.org/10.1037/per0000159.
Kabat-Zinn, J. (1994/2004). *Handboek meditatief ontspannen*. Haarlem: Altamira-Becht.
Katie, B., & Mitchell, S. (2003). *Loving what is: Four questions that can change your life*. New York: Crown Publishing Group.
Keijsers, G. P. J., Van Minnen, A., & Hoogduin, C. A. L. (2011). *Protocollaire behandelingen voor volwassenen met psychische klachten, deel 1 en 2*. Amsterdam: Boom.
Kieboom, T. & Venderickx, K. (2017). *Meer dan intelligent – De vele gezichten van hoogbegaafdheid bij jongeren en volwassenen*. Tielt: Lannoo.
Kooijman-van Thiel, M. B. G. M. (Red.). (2008). *Hoogbegaafd, dat zie je zo!* Ede: Oya-Productions.
Korrelboom, C. W. (2011). *COMET voor negatief zelfbeeld*. Houten: Bohn Stafleu van Loghum.
Korrelboom, C. W. & Kernkamp, J. H. B. (1993). *Gedragstherapie*. Muiderberg: Coutinho.
Korrelboom, C. W. & Ten Broeke, E. (2004). *Geïntegreerde cognitieve gedragstherapie: Handboek voor theorie en praktijk*. Bussum: Coutinho.
Krueger, R. F., Derringer, J., Markon, K. E., Watson, D., & Skodol, A. E. (2012). Initial construction of a maladaptive personality trait model and inventory for DSM-5. *Psychological Medicine, 42*(9), 1879–1890.
Kuipers, W. & Van Kempen, A. (2007). *Verleid jezelf tot excellentie!* Zoetermeer: Lecturium.
Kupka, R. W., Knoppert-van der Klein, E. A. M., & Nolen, W. A. (2008). *Handboek bipolaire stoornissen*. Utrecht: de Tijdstroom.
Lang, P. J. (1985). The cognitive psychophysiology of emotions: Fear and anxiety. In A. H. Tuma & J. D. Maser (Red.), *Anxiety and the anxiety disorders*. Hillsdale, N.J.: Lawrence Erlbaum Associates.

Literatuur

Layard, R. & Clark, D. (2018). *Therapiewinst – De waarde van psychologische behandeling*. Amsterdam: Boom uitgevers.
Leary, T. (1957). *Interpersonal diagnosis of personality*. New York: Ronald.
Levitin, D. (2016). *Een opgeruimde geest – Omgaan met de stortvloed aan informatie die dagelijks op je afkomt*. Amsterdam: Atlas Contact.
Lyoo, I. K., Kunderson, J. G., & Phillips, K. A. (1998). Personality dimensions associated with depressive personality disorder. *Journal of Personality Disorders, 12,* 46–55.
Mark, J., Williams, G., Teasdale, J. D., Zindel, V., & Kabat-Zinn, J. (2007). *Mindfulness en bevrijding van depressie: Voorbij chronische ongelukkigheid*. Amsterdam: Nieuwezijds.
Millon, Th. (1981). *Disorders of personality*. New York: Wiley.
Millon, Th. & Everly jr. G. S. (1985). *Personality and its disorders: A biosocial-learning approach*. New York: Wiley.
National Association for Gifted Children (2002). What is giftedness? ▶ http://www.nagc.org/resources-publications/resources/what-giftedness. Laatst bezocht op 2 februari 2020.
Orlemans, J. W. G., Eelen, P., & Hermans, D. (1995). *Inleiding tot de gedragstherapie*. Houten/Diegem: Bohn Stafleu van Loghum.
Padesky, C. A. (1995). Schema-veranderingsprocessen in cognitieve therapie. *Psychotherapie, 4,* 395–423.
Piaget, J. (1926). *The language and thought of the child*. New York: Harcourt, Brace.
Renzulli, J. S. (1978). What makes giftedness? Reexamining a definition. *Phi Delta Kappan, 60*(3), 180–184, 261.
Rijkeboer, M. M. (2012). Validation of the Young Schema Questionnaire. In M. van Vreeswijk, J. Broersen & M. Nadort (Red.), *Handbook schema therapy. Theory, Research, and Practice* (pp. 531–539). Chichester: Wiley-Blackwell.
Rogers, K. B. & Silverman, L. K. (1997). Personal, medical, social and psychological factors in 160 + IQ children. National Association for Gifted Children 44th Annual Convention, Little Rock, AK.
Samuel, D. B. & Widiger, Th A. (2008). Meta-analytic review of the relationships between the five-factor model and DSM-IV-TR personality disorders: A facet level analysis. *Clinical Psychological Review, 28,* 1326–1342.
Schacht, R., De Raedt, R., & Rijnders, P. (2007). Evidence-based stepped care in de gedragstherapeutische praktijk. *Gedragstherapie, 40,* 85–110.
Schippers, G. M., Smeerdijk, A. M., & Merkx, M. J. M. (Red.). (2014). *Handboek cognitieve gedragstherapie bij middelengebruik en gokken*. Utrecht: Perspectief Uitgevers.
Scholing, A. & Wolters, P. (2011). *Leven met een antisociale persoonlijkheid*. Houten: Bohn Stafleu van Loghum.
Segal, Z. F., Williams, J. M. G., & Teasdale, J. D. (2004). *Aandachtgerichte cognitieve therapie bij depressie – Een nieuwe methode om terugval te voorkomen*. Amsterdam: Nieuwezijds.
Servan-Schreiber, D. (2003). *Uw brein als medicijn*. Utrecht/Antwerpen: Kosmos Uitgevers.
Servan-Schreiber, D. (2008). *Antikanker – Een nieuwe levensstijl*. Utrecht/Antwerpen: Kosmos Uitgevers.
Smolewska, K. A., McCabe, S. B., & Woody, E. Z. (2006). A psychometric evaluation of the Highly Sensitive Person Scale: The components of sensory-processing sensitivity and their relation to the BIS/BAS and 'Big Five'. *Personality and Individual Differences, 40*(6), 1269–1279.
Spaans, J. A., Rosmalen, J., Van Rood, Y., Van der Horst, H. E., & Visser, S. (Red.) (2017). *Handboek behandeling van somatisch onvoldoende verklaarde lichamelijke klachten*. Houten: LannooCampus.
Spek, A. (2019). Talenten van mensen met een autismespectrumstoornis. *Gedragstherapie, 4,* 319–332. Amsterdam: Boom.
Spinhoven, Ph. (1991). Wanneer is in een therapie hypnose toegepast? In R. van Dyck, Ph. Spinhoven & J. W. van der Does (Red.), *Hypnose en hypnotherapie* (pag. 105–116). Houten/Zaventem: Bohn Stafleu van Loghum.
Sprey, A. (1994). Vervolgcursus persoonlijkheidsstoornissen, diagnostiek, cognitieve gedragstherapie en therapeutische relatie. Draaiboek, niet gepubliceerd, vervolgcursus VGCt, 1994, Utrecht.
Sprey, A. (2002). *Praktijkboek persoonlijkheidsstoornissen – Diagnostiek, cognitieve gedragstherapie en therapeutische relatie*. Houten: Bohn Stafleu van Loghum.
Sprey, A. (2009). Het interactiegerichte behandelplan bij persoonlijkheidsstoornissen met comorbide as-I-stoornissen en weerstand tegen oefenen. Symposium, Najaarscongres VGCt, Veldhoven, 11–13 november, 2009.
Sprey, A. (2014a). *Een klinische praktijktoepassing van de big five bij persoonlijkheid en persoonlijkheidsstoornissen in relatie tot de DSM-5*. Workshop, Congres Diagnostiek van de persoonlijkheid: Verwarring of houvast? Ede: Altrecht.
Sprey, A. (2014b). *Het maken van een holistische theorie bij complexe symptoom- en persoonlijkheidsstoornissen met integratie van de DSM-5*. Workshop, VGCt Voorjaarsworkshops: Boekenbal voor therapeuten, Zwolle, 11 april, 2014.
Sprey, A. (2015). *Praktijkboek persoonlijkheidsstoornissen: DSM-5, diagnostiek, cognitieve gedragstherapie en therapeutische relatie*. Houten: Bohn Stafleu van Loghum.

Sprey, A. (2017). *Praktijkboek persoonlijkheidsstoornissen, DSM-5, diagnostiek, cognitieve gedragstherapie en therapeutische relatie* (3e druk). Houten: Bohn Stafleu Van Loghum.

Stöfsel, M. & Mooren, T. (2017). *Trauma en persoonlijkheidsproblematiek*. Houten: Bohn Stafleu van Loghum.

Vachon, D. D., Sellbom, M., Ryder, A. G., et al. (2009). A five-factor model description of depressive personality disorder. *Journal of Personality Disorders, 23,* 447–465.

Van den Bout, J., Boelen, P. A., & De Keijser, J. (Red.). (1998). *Behandelingsstrategieën bij gecompliceerde rouw en verliesverwerking*. Houten/Diegen: Bohn Stafleu van Loghum.

Van der Gaag, M., Staring, T., & Valmaggia, L. (2012). *Handboek psychose: Theorie, diagnostiek en behandeling*. Amsterdam: Uitgeverij Boom.

Van der Gaag, M., Staring, T., Van den Berg, D., & Baas, J. (2014). *Gedachten uitpluizen – Cognitief gedragstherapeutische protocollen bij psychotische klachten*. Amsterdam: Uitgeverij Boom.

Van der Hart, O. & Van Dyck, R. (1991). Strategieën en technieken. In R. van Dyck, Ph. Spinhoven & J. W. van der Does (Red.), *Hypnose en hypnotherapie* (pag. 177–199). Houten/Zaventem: Bohn Stafleu van Loghum.

Van Hoof, E. (2016). *Hoogsensitief*. Leuven: LannooCampus.

Van Rhijn. M. O. & Leuning, E. (2015). *IBSR in de praktijk*. Amsterdam: Hogrefe.

Vereniging voor Schematherapie (2019). *Schemavragenlijst*. ▶ https://www.schematherapie.nl/vakinformatie/vragenlijsten. Laatst bezocht op 3 februari 2020.

Vuyk, A., Krieshok, Th. S., & Kerr, B. A. (2016). Openness to experience rather than overexcitabilities: Call it like it is. *Gifted Child Quarterly, 60*(3), 192–211. ▶ https://doi.org/10.1177/0016986216645407.

Watzlawick, P., Beavin, J. H., & Jackson, D. D. (1970). *De pragmatische aspecten van de menselijke communicatie*. Deventer: Van Loghum Slaterus.

Webb, J. T. (2013). *Searching for meaning – Idealism, bright minds, disillusionment, and hope*. Tucson: Great Potential Press.

Webb, J. T., Amend, E. R., & Webb, N. E. (2005). *Misdiagnosis and dual diagnoses of gifted children and adults: ADHD, bipolar, OCD, Asperger's, depression, and other disorders*. Scottsdale (AZ): Great Potential Press.

Webb, J. T., Amend, E. R., Goerss, J., & Webb, N. E. (2012). *Misdiagnose van hoogbegaafden – Handreikingen voor passende hulp*. Amsterdam: Van Gorcum.

Wieland, J., Aldenkamp, E., & Van den Brink, A. (2017). *Behandeling van patiënten met een laag IQ in de GGZ – Beperkt begrepen*. Houten: Bohn Stafleu van Loghum.

Wippoo, P. & Citroen, L. (1998). *Podiumangst*. Amsterdam: Boom.

Young, J. E. (1994). *Cognitive therapy for personality disorders: A schema-approach*. Revised edition. Sarasota: Professional Resource Exchange.

Young, J. E., & Klosko, J. S. (1994). *Reinventing your life*. New York: Penguin Group.

Young, J. E., Klosko, J. S., & Weishaar, M. E. (2005). *Schemagerichte therapie: Handboek voor therapeuten*. Houten: Bohn Stafleu van Loghum.

Register

A

ACT. *Zie* acceptance and commitment therapy
acceptance and commitment therapy (ACT) 104

B

Beck 25, 46
- dwangmatige persoonlijkheidstrekken 39, 47
- narcistische persoonlijkheidstrekken 41, 47
- tabel van Beck 51
- vermijdende persoonlijkheidstrekken 50, 59

behandelplan
- dwangmatige persoonlijkheidstrekken 96
- hoogbegaafdheid 96

betekenisanalyse
- van dwangmatige persoonlijkheidstrekken 91
- van hoogbegaafdheid 89
- van narcistische persoonlijkheidstrekken 90

C

Cloninger
- karakterdimensies 61
- temperamentdimensies 60
- temperamentprofielen 61

COMET. *Zie* competitive memory training

E

EMDR. *Zie* eye movement desensitization and reprocessing

F

functieanalyse 74
- van burn-out 20
- van de therapeutische relatie 117, 127
  - bij hoogbegaafdheid 125, 127
  - bij vermijdende persoonlijkheidstrekken 121
- van dwangmatige persoonlijkheidstrekken 86
- van een depressieve stoornis 19
- van hoogbegaafdheid 21, 65, 84, 97
  - i.c.m. afhankelijke persoonlijkheidstrekken 71
  - i.c.m. dwangmatige persoonlijkheidstrekken 71
  - i.c.m. hoogsensitiviteit 65
  - i.c.m. vermijdende persoonlijkheidstrekken 71
- van narcistische persoonlijkheidstrekken 88
- van sociale fobie 19

G

geestelijkegezondheidsmeetlat 28, 33, 66
- dwangmatige persoonlijkheidstrekken 40
- narcistische persoonlijkheidstrekken 43
- vermijdende persoonlijkheidstrekken 30, 38, 45

H

hoogbegaafdheid
- behandelplan 96
- dwangmatige persoonlijkheidstrekken 39
- functieanalyse 21, 65, 97
- functieanalyse van de therapeutische relatie 125
- narcistische persoonlijkheidstrekken 41
- vermijdende persoonlijkheidstrekken 45

Hoogendijk en De Rek 18, 66

M

Millon 16, 22, 25, 58, 88, 101

N

NPFS. *Zie* Niveau van Persoonlijkheidsfunctioneren Schaal

P

psychotherapeutische technieken
- acceptance and commitment therapy (ACT) 104
- competitive memory training (COMET) 91, 95
- de-intensiveren door zelfregistratie 102
- exposure 91
- eye movement desensitization and reprocessing (EMDR) 91, 104
- hartcoherentie 102
- inquiry-based stress reduction volgens Byron Katie 103
- mindfulness 92, 103
- positief witboek bij negatief zelfbeeld 91, 103

T

TCI. *Zie* Temperament en Karakter Vragenlijst

tests
- LPFS-BF 2.0 31
- NEO-PI-3 36
- Niveau van Persoonlijkheidsfunctioneren Schaal (NPFS) 31
- OEQ-II 64
- Schema-Vragenlijst 52
- STiP-5.1 31
- Temperament en Karakter Vragenlijst (TCI) 61
- zelftest voor hoogsensitiviteit 63

V

vijffactorenmodel 32, 35
- bij hoogbegaafdheid 37
- flexibel perfectionisme 39
- hoogsensitiviteit 63, 64
- narcistische trekken 38, 41, 43
- rigide perfectionisme 39
- vermijdende trekken 38, 45

W

Webb
- kenmerken van hoogbegaafdheid 2

MIX
Papier aus verantwortungsvollen Quellen
Paper from responsible sources
FSC® C105338

If you have any concerns about our products,
you can contact us on
ProductSafety@springernature.com

In case Publisher is established outside the EU,
the EU authorized representative is:
**Springer Nature Customer Service Center GmbH
Europaplatz 3, 69115 Heidelberg, Germany**

Printed by Libri Plureos GmbH
in Hamburg, Germany